YO

RICKY MARTIN
YO

A CELEBRA BOOK

CELEBRA
Published by New American Library, a division of
Penguin Group (USA) Inc., 375 Hudson Street,
New York, New York 10014, USA
Penguin Group (Canada), 90 Eglinton Avenue East, Suite 700, Toronto,
Ontario M4P 2Y3, Canada (a division of Pearson Penguin Canada Inc.)
Penguin Books Ltd., 80 Strand, London WC2R 0RL, England
Penguin Ireland, 25 St. Stephen's Green, Dublin 2,
Ireland (a division of Penguin Books Ltd.)
Penguin Group (Australia), 250 Camberwell Road, Camberwell, Victoria 3124,
Australia (a division of Pearson Australia Group Pty. Ltd.)
Penguin Books India Pvt. Ltd., 11 Community Centre, Panchsheel Park,
New Delhi - 110 017, India
Penguin Group (NZ), 67 Apollo Drive, Rosedale, North Shore 0632,
New Zealand (a division of Pearson New Zealand Ltd.)
Penguin Books (South Africa) (Pty.) Ltd., 24 Sturdee Avenue,
Rosebank, Johannesburg 2196, South Africa

Penguin Books Ltd., Registered Offices:
80 Strand, London WC2R 0RL, England

Published by Celebra, an imprint of New American Library,
a division of Penguin Group (USA) Inc.

First Printing (Spanish Edition), November 2010
10 9 8 7 6 5 4 3 2 1

CELEBRA and logo are trademarks of Penguin Group (USA) Inc.

Celebra Spanish edition hardcover ISBN: 978-0-451-23416-2

The Library of Congress has catalogued the English-language hardcover edition of this title as
follows:

Martin, Ricky.
Yo/Ricky Martin.
    p. cm.
ISBN 978-0-451-23415-5
1. Martin, Ricky. 2. Singers—Biography. I. Title.
ML420.M3323A3 2010
782.42164092—dc22
[B]   2010034364

Set in Sabon
Designed by Pauline Neuwirth & Associates

Printed in the United States of America

PUBLISHER'S NOTE
Penguin is committed to publishing works of quality and integrity. In that spirit, we are proud to offer
this book to our readers; however the story, the experiences and the words are the author's alone.
    Publisher does not have any control over and does not assume any responsibility for author
or third-party Web sites or their content.

Dedicado a Matteo y Valentino Martin,
Mi luz, mi enfoque, mi fortaleza, mis pequeños maestros
que constantemente con una simple mirada me saben decir:
"Tranquilo, Papi, todo está bien".

CONTENIDO

YO

INTRODUCCIÓN

Ayúdame a decir la verdad delante de los fuertes, y a no decir mentiras para ganarme el aplauso de los débiles. Si me das fortuna, no me quites la razón. Si me das éxito, no me quites la humildad. Si me das humildad, no me quites la dignidad. Ayúdame siempre a ver la otra cara de la medalla y no me dejes culpar de traición a los demás por no pensar igual que yo. Enséñame a querer a los demás como a mí mismo. No me dejes caer en el orgullo si triunfo, o en la desesperación si fracaso. Más bien recuérdame que el fracaso es la experiencia que precede al triunfo. Enséñame que perdonar es signo de grandeza y que la venganza es señal de bajeza. Si me quitas el éxito dame fuerzas para aprender del fracaso. Si ofendo a los demás, dame valor para disculparme. Y si los demás me ofenden, dame valor para perdonarlos. Señor, si yo me olvido de ti, ¡nunca te olvides de mí!

—MAHATMA GANDHI

LAS PALABRAS DE GANDHI ME TOCAN EL CORAZÓN.
Todos en algún momento de la vida llegamos a un punto en el que sentimos el deseo de mirar hacia atrás y observar

con detenimiento la vida que hemos llevado. Sentimos la necesidad de comprender de dónde venimos porque queremos ver más claramente hacia dónde nos dirigimos y a dónde queremos ir; buscamos hacer un balance de lo vivido y lo que queda por vivir con el deseo, quizás, de encontrar un mayor propósito a la existencia que hemos llevado. Hay quienes deciden hacerlo cuando ya están mayores, en el ocaso de la vida, pero para mí, ese momento ha llegado ahora. Hoy siento la necesidad de mirar hacia atrás y ver el camino que me ha traído hasta donde estoy, para que el futuro que tengo por delante sea el más luminoso y certero posible.

———————

MI VERDADERO NOMBRE es Enrique Martin Morales, pero la gran mayoría de la gente me conoce como Ricky Martin: músico y cantante, compositor, filántropo y quizás hasta haya algunos que sepan que soy actor. Y soy todas esas cosas; pero también soy muchas más. Mi gente más cercana me conoce como "Kiki" (un apodo cariñoso que viene de Enrique), y además de ser artista, para ellos soy un hijo, un hermano, un amigo, y —más recientemente— un padre. Durante mucho tiempo he intentado separar por completo esas dos partes de mi vida: cuando estoy en el escenario o frente a las cámaras soy "Ricky"; y en privado soy "Kiki", el hombre que todos los días se enfrenta a los retos de la vida, al igual que cualquier otra persona. Mientras la mayoría de las personas que están leyendo este libro tienen una idea muy clara de quién soy como artista, no deja de haber otra gran parte de mí que muy pocos conocen.

Hoy, después de lo mucho que he vivido y de las experiencias por las que he pasado, me doy cuenta que no es justo separar a "Kiki" de "Ricky". Los dos somos uno y el mismo. Me ha tomado tiempo comprender esto, pero aunque durante años pensé que lo mejor era ocultar mi vida privada y mi verdadero ser, ahora tengo la plena convicción de que mi felicidad está en vivir una vida libre, sin miedos ni tapujos. Ha sido un proceso gradual. No sabría decir exactamente en qué momento llegué a esta revelación, pero sí sé que llegué a un punto en el que ya no podía vivir más sin enfrentarme a mi verdad. Por eso sentí la necesidad de acabar con un secreto que llevaba guardando demasiados años: tomé la decisión de revelarle al mundo que acepto mi homosexualidad y celebro este regalo que me ha dado la vida.

Ahora me siento fuerte. Libre. Más libre que nunca.

Mucha gente se imaginará que mi vida se divide en dos etapas: el antes y el después de "Livin' La Vida Loca". O quizás haya quienes piensen que mi vida se divide entre el antes y el después de mi revelación, y la verdad es que es completamente entendible, porque eso es más o menos todo lo que hasta ahora he compartido de mí. Pero aunque no negaré que "Livin' La Vida Loca" fue un momento primordial de mi vida, puedo asegurar que ha habido muchos otros que fueron igual de importantes. También hay un antes y un después de Menudo, un antes y un después de mi primer viaje a la India, un antes y un después de ser padre... Todas han sido experiencias únicas que me han marcado profundamente y que han cambiado la forma en que navego por mi vida. Y espero —sé— que me esperan muchos más de esos momentos en lo que me queda por vivir.

Al igual que todo el mundo, yo tuve que viajar por un

camino espiritual y pasar por lo que pasé —lo bueno y lo malo, el amor y el desamor, el sentirme perdido y encontrarme— para llegar a donde estoy. Antes de responder a las preguntas que me acechaban constantemente, necesitaba aceptarme a mí mismo. Por supuesto, hay quienes pensarán que lo tendría que haber hecho hace años, pero en lo más profundo de mi ser, yo sé que el momento fue ahora porque así debía ser. Es ahora que estoy listo, es ahora que lo puedo hacer; ni un día antes, ni un día después.

El proceso de escribir estas memorias no ha sido fácil. Ha requerido mucho de mí —mucho más de lo que esperaba. He tenido que atar cabos que nunca había intentado atar, hacer esfuerzos para recordar momentos ya borrados de mi mente y buscar las respuestas a preguntas difíciles, pero sobre todo... sobre todo he tenido que enfrentarme a mí mismo. He tenido que despojarme por completo para verme tal como soy. Me encontré con algunas cosas que me gustaron, y otras que no tanto. Y fueron esas cosas que no me gustaron las que quise empezar a remediar desde el momento mismo en que adquirí conciencia de ellas. Jamás me hubiera imaginado que la escritura de este libro fuera a llevarme a donde me ha llevado, sin embargo, hoy sé que soy un mejor hombre —y un hombre más feliz— por lo que aprendí de mí mismo en este proceso.

En estas páginas, he querido hablar de muchas cosas, pero he querido hacerlo con humildad y dignidad, enfocándome en aquellas experiencias que de una manera u otra me han convertido en la persona que soy hoy en día. Más que una autobiografía, este libro es un testamento de mi crecimiento espiritual, un recuento de los pasos que he dado para llegar al plano de felicidad y plenitud en el que ahora me encuentro. Aquí hablaré de muchas cosas personales de las que nunca antes había hablado, pero tampoco es mi intención contarlo todo. Creo que todos tenemos derecho a cierto nivel de privacidad; hay ciertas cosas que me guardo porque son profundamente mías y prefiero que así lo sigan siendo. Lo que me interesa aquí es explorar los caminos y las diferentes experiencias que me llevaron a ser la persona que soy hoy.

Sé lo que es ser amado y también sé lo que es amar —total y absolutamente, con intensidad y sin prejuicios. Sé lo que es ser juzgado por lo que soy y por lo que no. Si no hubiera pasado por todo eso, quizás no habría podido llegar a este momento en el que finalmente comprendí que el camino elegido es el correcto, ya que me ha convertido en la persona que soy hoy en día. Y no importa cómo lo mire, esa persona que soy hoy en día, esa persona que he construido con tanto esfuerzo y tanta dedicación es, después de mis hijos, mi obra más preciada. Tengo la certeza de que todavía me quedan muchos pasos por dar, muchas cosas por vivir y, por consiguiente, muchos capítulos por escribir, pero en este momento siento el deseo de abrir mi corazón y compartir mi historia y esta etapa de mi vida con el mundo.

El tiempo transcurrido me enseñó que no sirve de nada ver las experiencias como buenas o malas. Más que nada hay que verlas como lecciones. Tanto lo bueno como lo malo son parte de un todo, y hay que abrazar ese todo para alcanzar la existencia plena y relevante que añoramos. Vamos avanzando por un camino en el que nos van apareciendo oportunidades, y cada paso que damos no sólo nos va acercando a donde queremos ir, sino que tiene su razón de ser. La vida nos presenta una experiencia tras otra, y cada decisión que tomamos determina dónde vamos a parar después.

Desde el día en que nacemos hasta el día en que morimos, vamos avanzando por un camino de aprendizaje en el que cada decisión que tomamos o dejamos de tomar forma parte de nuestro crecimiento personal. Existe un reino kármico que dice que hay que pasar por los retos que te lanza esta vida para liberarte de las cosas que te pesan y te impiden llegar a un lugar divino. Todos vamos avanzando por un camino espiritual que nos ofrece oportunidades para aprender: la travesía tiene su propósito. Cuando eres estudiante, tienes que repetir la lección hasta que te la sepas de memoria. Si no te la sabes, no podrás pasar al siguiente nivel. De la misma manera, la vida nos presenta experiencia tras experiencia, y con cada hecho, cada decisión y cada elección estamos determinando a dónde vamos a ir después. Y al igual que en la escuela, el que más atención presta, más rápido puede avanzar.

Alguien una vez me preguntó si yo creía que lo que he logrado fue siempre mi destino. La respuesta fue sí, y no. Efectivamente, creo que todo lo que me ha sucedido forma parte de mi destino, pero no cabe duda que llegué adonde he llegado, y logré lo que he logrado, porque luché para alcanzarlo. Si hay una verdad en este mundo es que el destino hay que forjárselo. Si no hubiera puesto de mi parte, jamás habría llegado a donde estoy. En ningún momento me senté a esperar a que el destino me llegara montado en una limosina blanca; tuve que salir a buscarlo y golpear a su puerta. Creo que las personas que se sientan a esperar a que el destino les caiga encima se harán viejas esperando.

He trabajado muchísimo para alcanzar lo que he logrado y por eso sé que no fue una coincidencia o un simple fruto del azar. Es verdad que tuve mucha suerte —o mucho de lo que llamamos "suerte". Pero la verdad es que cada cual va creando su propia "suerte" y su propio destino. Cuando la vida te tira a un río, no puedes depender de que la suerte te traiga un bote; tienes que nadar. Tienes que dar brazada tras brazada hasta llegar a la otra orilla. Tienes que forjarte tu destino y no dejar que el azar determine tu rumbo. Creo profundamente en que la suerte llega a aquellos que trabajan mucho para encontrarla.

La vida es un recorrido en el que cada paso que tomamos nos mueve de alguna forma y en alguna dirección. Cuando estamos listos y dispuestos, aprendemos, crecemos y avanzamos. Pero es muy fácil —y muy común— no dar ese primer paso y quedarnos exactamente dónde estamos, porque, al fin y al cabo, lo conocido es lo más cómodo. Creo que durante mucho tiempo en mi vida estuve tan cómodo que no sentía la necesidad de mirar hacia adentro para siquiera plantearme ciertas preguntas —ni hablar de buscar las respuestas. Me sentía mal, sabía que algo no andaba bien en mi interior, pero en lugar de sanar los sentimientos contradictorios que me asediaban, simplemente los enterraba con la esperanza de desaparecerlos. Tenía miedo, y estaba mucho más preocupado por ser "aceptado" y por "gustarle" a la gente que por cultivar mi propio crecimiento personal.

El largo camino para reconectarme conmigo mismo no fue fácil. Y aunque he crecido y aprendido mucho, este es un camino en el que sigo trabajando cada día de mi vida. Necesité de muchos años de silencio y reflexión para comprender realmente lo que llevo en mi corazón. Antes de poder decirle mi verdad al mundo, yo mismo tuve que llegar a un momento en el que pude encontrar tranquilidad y paz interior.

La vida da innumerables vueltas y está llena de recovecos, pero hoy por hoy tengo la absoluta certeza de que todo lo que en ella ocurre tiene una razón de ser. A veces es difícil verlo cuando se está pasando por ello, pero basado en mi propia vida puedo decir que todo sucede porque así tiene que ser. Las lecciones de vida son como una serie de puertas cerradas: al obtener la enseñanza y aprender lo debido, se abre una puerta y pasas para seguir avanzando hasta la siguiente. Cada etapa de mi vida me ha traído cosas valiosas e importantes, no importa cuánto me haya costado o lo difícil que me haya parecido. Mis experiencias en Menudo, por ejemplo, me enseñaron una ética laboral y una disciplina que aunque en ese momento quizás no me diera cuenta, iban a ser necesarias para mi futuro. Más adelante, para cuando al fin terminó el caos de "Livin' La Vida Loca", había aprendido la importancia de saber decir "no". Cuando fui a la India, comprendí lo importante que es volcar mi mirada hacia adentro y conocerme a mí mismo. Como nuevo padre (al igual que todos los padres que me precedieron), hace poco aprendí lo que de verdad significa el amor incondicional. Y cuando al fin encontré el valor para revelar mi verdad ante el mundo, no sólo comprendí la importancia de vivir sin miedo, sino que finalmente comprendí que el miedo sólo existe en mi cabeza.

Mientras escribía este libro pasé por momentos en los que me sentí infinitamente vulnerable. Pero a la vez hubo otros en los que me sentí exaltado, libre y muy feliz de estar soltando las amarras del pasado. Ha sido un proceso poderoso de catarsis que incluso me ha ayudado a sanar muchas heridas y comprender cosas que tal vez en su momento no parecían tener sentido. Ahora lo veo todo con mayor claridad y por eso estoy agradecido.

Ahora estoy completo.

Ahora estoy listo para entregarme tal como soy —a mi público, a mi familia, a mis amigos y mis amores. Quiero que el día de mañana mis hijos puedan leer este libro y comprender el camino espiritual que tuve que recorrer para aceptar el hermoso regalo que es ser su padre. Quiero abrirles mi corazón total y absolutamente para que en el futuro ellos nunca sientan miedo de hacer lo mismo.

Este libro lo escribí con el corazón en la mano. Pero antes de seguir, quiero aclarar que el que yo haya decidido hablar de mi vida no significa que tenga que hablar de las vidas de otras personas. Cada quien tiene derecho a su vida íntima y a su privacidad, y por eso he decidido guardarme ciertos nombres y detalles. Aunque haya personas que formaron parte de mi vida pública y que quizás sean fácilmente reconocibles, no pretendo involucrarlas en una historia que no es la suya. Así como tantas veces yo he pedido que se respete mi derecho a la privacidad, yo no tengo por qué dejar de respetar el de los demás. Esta es mi vida, mi trayectoria personal y he decidido contarla porque hoy estoy listo para hacerlo. Pero no pienso dejar que mi decisión afecte a nadie más.

Desde el momento en que pulsé "Send" para anunciarle al mundo mi verdad, la lluvia de amor que he recibido ha sido impresionante. Estremecedora. Ha sido la prueba viviente de que el miedo que sentía estaba —como casi todos los miedos— en mí mismo. La vida es más bella cuando se vive con los brazos abiertos, sin barreras ni temores, sin angustias ni secretos. Hoy, más que nunca, sé que este es mi momento y que, tal como lo dice el maestro Gandhi, tengo la fuerza para vivir una vida llena de amor, paz y verdad.

UNO

DE NIÑO A HOMBRE

ES FASCINANTE PARA MÍ SENTARME A VER EL CAMINO QUE he recorrido para llegar a donde estoy, no sólo en mi carrera, sino también en mi vida personal. Lo que en algún momento me pareció incomprensible o excesivamente difícil, hoy entiendo por qué lo tuve que vivir. Todas esas experiencias me estaban preparando para lo que tenía —y todavía tengo— por delante. Al principio fue un concepto que me costó trabajo comprender, pero una vez que lo asimilé, pude vivir una vida mucho más plena y satisfactoria porque estoy dispuesto a aceptar que tanto lo bueno como lo malo como lo regular forman parte de un todo. Y esa es una sensación que me liberó y me hace sentir más fuerte para enfrentar todo lo que se me presente. Es extraordinario pensar que sin saberlo, desde muy pequeño yo ya estaba tejiendo lo que sería mi identidad; mi propia historia.

COMIENZOS

TODO EMPEZÓ CON una cuchara.

Cualquiera en mi familia confirmará que la música entró a mi vida a muy temprana edad. Mi familia por parte de madre es muy musical. Las tardes de los domingos nos reuníamos en casa de mis abuelos y tarde o temprano alguien sacaba una guitarra y a cantar se ha dicho. Mi abuelo por parte de madre, por ejemplo, era un poeta de los buenos. Sus rimas improvisadas eran de un calibre romántico y estilizado como nunca más volví a escuchar. Mi abuelo era un hombre firme, conservador y completamente entregado a su familia. Era muy machista, como casi todos los hombre de su generación, pero si hay algo que nos enseñó a todos los hombres que llevamos su apellido es la importancia de respetar a la mujer, lo hermoso de admirarla, cuidarla y protegerla. Siempre nos decía: "A la dama se le tiene que cuidar con la sutileza con la que se cuida el pétalo de una rosa". Obviamente era un romántico empedernido y eso sin duda alguna lo heredé yo.

A los seis años, ya yo agarraba una cuchara de palo de la cocina y la usaba como micrófono para cantar. Pasaba horas y horas con la cuchara en mano, interpretando mis canciones favoritas, canciones de Menudo o de grupos de rock americanos como REO Speedwagon, Journey y Led Zeppelin, que era lo que escuchaban todo el tiempo mis hermanos mayores. Recuerdo muchas veces en las que estaba la familia reunida en casa de mis abuelos y mientras todo el mundo se sentaba en el balcón para refrescarse y contar historias, yo ponía música, agarraba mi "micrófono" y me ponía a cantar.

Estoy seguro que en aquel momento nadie nunca pensó que terminaría convirtiéndome en un artista profesional. (Aunque sí tenía un tío que siempre me decía "cuando seas famoso me llamas y te cargo las maletas", y yo muy serio le respondía, "¡Perfecto, tío, así será!". Claro, él nunca cumplió su parte del acuerdo...) Con seguridad les divertía verme cantando y bailando por toda la casa, pero no se les habrá ocurrido que algún día terminaría haciendo eso mismo frente a cientos de miles de personas.

Por más sorprendente que parezca, desde niño yo ya sabía que mi lugar estaba en el escenario. No puedo decir que fuera una decisión consciente, que un día me desperté y me dije a mí mismo, "Quiero ser artista", sino que simplemente me fui dando cuenta que era lo que más me gustaba hacer, y lo hacía cada vez que podía. Sé que muchas personas tardan años buscando lo que quieren hacer con sus vidas hasta encontrar lo que realmente los mueve, y sé que es un proceso difícil. Pero yo tuve suerte. Fue un proceso muy instintivo. Aunque al principio lo único que hacía era agarrar la cuchara para cantar frente a mis abuelos y mis tíos, lo disfrutaba enormemente y siempre quería hacer más. Pero en este caso creo que fue más que una simple fase porque lo que empezó como un juego, terminó convirtiéndose en una pasión. Poco a poco me fui dando cuenta que la sensación de capturar la atención de otras personas y de tener todos esos ojos puestos en mí me generaba un placer inmenso. Me encantaba sentir que los estaba divirtiendo, que me estaban escuchando, y cuando al final llegaban los aplausos yo quedaba feliz. Hasta el día de hoy ese sentimiento de estar en el escenario sigue siendo una gran fuente de energía e inspiración para mí. Cada vez que me encuentro frente a un público, ya sea de veinte personas o de cien mil, vuelvo a sentir la energía electrizante que me invadía en esas reuniones familiares de mi infancia.

Hasta el día de hoy, no sé bien de dónde viene mi pasión por estar en un escenario, pero es como una necesidad que tengo de presentarme, de ser visto... Hubo una época en que una de mis primas montaba obras de teatro —que escribía ella misma— y ahí fue que tuve, también, mis primeras experiencias como actor. Vale la pena aclarar que estoy hablando de obras escritas por una niña de ocho o nueve años, pero de una inteligencia increíble para su edad. Evidentemente me gustó porque, más adelante en la escuela, cada vez que se montaba una obra de teatro, yo era el primero en apuntarme. Hasta llegué a meterme de monaguillo porque para mí asistir al cura era como estar en el escenario, ya que técnicamente él era "la estrella" de la misa. Es que cuando me encontraba en el escenario me sentía lleno, vivo, y naturalmente me dediqué a buscar esa sensación siempre que podía.

Ahora, de vez en cuando, me pongo a pensar en lo que hubiera sucedido si no hubiera elegido este camino. Es inevitable hacerse esas preguntas, a todos nos da curiosidad pensar en qué hubiera sido de nuestras vidas si no fuéramos lo que somos hoy. ¿Qué hubiera sido si no fuera artista? ¿Qué otra profesión hubiera escogido? ¿Psicólogo? ¿Dentista? ¿Abogado? Mi abuelita siempre quiso que yo fuera médico, pero desafortunadamente, nunca pude darle ese gusto. Desde que supe lo que quería hacer de mi vida, me dediqué a trabajar sin descanso para que mi sueño se convirtiera en realidad. Pero siempre me pregunto qué habría sido de mí si hubiera seguido el consejo de mi abuela, o si hubiera tomado cualquier otro rumbo. Por ejemplo, varios años más tarde, cuando tenía dieciocho años, hice una prueba para ver si podía matricularme en la escuela Tisch de la Universidad de Nueva York, que es una de las escuelas más reconocidas en el mundo de la actuación. Pero a tan sólo unos meses de que comenzaran las clases, en lugar de matricularme me fui a México a encontrarme con unos amigos y caí —de verdad no hay otra forma de explicarlo por haber sido una casualidad tan grande— en el teatro.

¿Qué hubiera sucedido si me hubiese quedado a estudiar en la Universidad de Nueva York? ¿Qué rumbo habría tomado mi vida si hubiese tenido éxito en el campo de la actuación, en lugar del de la música? El recorrido, sin duda, hubiese sido diferente. Pero me gusta pensar que independientemente de si hubiera entrado en el mundo de la actuación, la música o el baile, la vida siempre hubiera encontrado la manera de llevarme por un camino que me haría sentir lleno y feliz. En realidad no importa tanto qué es lo que haces, lo que importa es que lo hagas lo mejor que puedas.

La pasión es un aspecto vital de mi existencia. Me considero un soñador realista, y mi vida desborda de emociones intensas. Vivo y siento profundamente. Hay quienes pensarán que es un error vivir la vida de manera tan apasionada, pero la verdad es que desde que era pequeño, fue mi pasión la que me llevó de la mano en el trayecto extraordinario que ha sido mi vida, así que no siento que tenga por qué frenarla. De no ser porque desde muy temprano la recibí con los brazos abiertos, creo que jamás habría podido llegar a donde estoy. Para mí, parte de la belleza de la infancia radica en que está plagada de sentimientos extremos: cuando nos alegramos es una alegría absoluta y, de la misma manera, cuando estamos tristes el dolor es devastador. La vida a esa edad es muy intensa, pero también es muy pura y transparente. A medida que vamos creciendo, vamos aprendiendo a aplacar las emociones que son demasiado fuertes, y aunque en cierta medida yo también he aprendido a hacerlo, siempre me he esforzado por mantenerme conectado con mi niño interior, ese niño apasionado, enérgico y feliz que nunca se dejó asustar por ningún reto.

ABUELA

MIS PADRES SE separaron cuando yo tenía dos años. Obviamente yo no me acuerdo de lo que pasaba en mi vida en esa época, pero sí sé que fue una época en la que pasé mucho tiempo con mis abuelos. Tanto de parte de madre como de padre. La figura de mis abuelos fue muy importante en mi vida. No sé si es una cosa cultural o simplemente espiritual, pero la comunicación que tuve con ellos fue y sigue siendo muy importante para mí. Sus enseñanzas nunca las olvidé. Las pongo en práctica hasta el día de hoy y estoy seguro que se las enseñaré a mis hijos.

Mi abuela paterna era una mujer inteligente, independiente y decidida; una mujer sumamente avanzada para su época. Era metafísica antes que la metafísica se pusiera de moda. También era artista plástica; pintaba y hacía esculturas. La recuerdo siempre ocupada, haciendo una de las mil cosas que le interesaban. No sabía lo que era quedarse quieta pues siempre tenía algún proyecto en el que estaba trabajando. Mi bisabuela, su madre, era maestra, así que mi abuela prácticamente se crió en un aula, escuchando las clases que dictaba su madre. Se graduó de la escuela superior a los catorce años y hasta escribió dos libros y fue catedrática en la Universidad de Puerto Rico. Estamos hablando de una época en la que la mayoría de las mujeres solían ser sólo madres y amas de casa. Era una mujer sorprendente, tan avanzada y tan visionaria que un día decidió empacar sus maletas e irse a estudiar una maestría a Boston. ¡En esa época! Pero ella así lo hizo, y vivió en Boston hasta graduarse de la maestría.

Da la casualidad que hace unos años tuve la suerte de cenar y conversar con Sonia Sotomayor, la primera jueza latina de la Corte Suprema de los Estados Unidos, y cuando le conté un poco de lo que había hecho mi abuela se quedó asombrada. "¿Una mujer latina estudiando en Boston en los años cuarenta? Tu abuela sí que era una mujer fuerte", me dijo. Y yo me sentí muy orgulloso porque tenía razón, era increíble.

Mi abuela nació en Puerto Rico, y era de descendencia corsa. Los corsos tenemos fama de ser muy tercos, y mi abuela no fue ninguna excepción: era una mujer muy fuerte que nunca le temió a nada. Siempre fue para mí un ejemplo de lo que significa ser valiente. Por ejemplo, a los cincuenta y tantos años de casada, se dio cuenta que ya no se sentía satisfecha en su matrimonio entonces un día se levantó y le dijo a mi abuelo: "¿Tú sabes qué? Me quiero divorciar". En aquella época, la gente cuando se casaba era para toda la vida, "hasta que la muerte los separe". No era como ahora que la gente se divorcia por cualquier cosa. Pero a mi abuela no le importaba lo que pensaran o dijeran los demás y decidió hacer algo al respecto. Así que se separaron. Después de eso el abuelo siguió yendo a visitarla todos los días, pero el nuevo arreglo doméstico se mantuvo ella viviría en su casa y él en la suya.

Mi abuela falleció hace más de diez años, ya viejita, después de haber vivido una larga y provechosa vida. Pero si hay algo por lo que doy gracias es que llegó a ver mi éxito antes de morir. Hasta una vez se montó en un avión para ir a verme actuar en Broadway cuando estaba haciendo *Les Misérables* en Nueva York. ¡Y eso que a ella los aviones no le gustaban nada! Alguna vez me contó que les había agarrado un miedo tremendo desde el día que tomó el avión para regresar a la isla después de terminar sus estudios en Boston. Parece que hubo una tormenta eléctrica durante el vuelo y el avión no paró de sacudirse. Desde ese día dijo, "¡Yo nunca más me vuelvo a montar en un avión!", y así fue. A partir de ese momento, solamente viajó en crucero, y sólo hizo una excepción cuando fue a verme actuar en Nueva York.

Me duele mucho no haberla podido ver más en sus últimos años. Estaba trabajando tanto, siempre andaba de aquí para allá, siempre corriendo, nunca teniendo suficiente tiempo para hacer las cosas que realmente importan. Sí la llegué a ver unas veces, de paso, pero nunca pude volver a pasar días o semanas enteras con ella como cuando era pequeño. Recuerdo una vez que la fui a ver con una escolta policial cuando ya ella estaba muy viejita. Al llegar a su casa con las patrullas y la policía, le grité:

—¡Abuela, he venido a verte!

—¡Ay, mijo! —me dijo ella—. ¡Qué bueno!

Pero de inmediato le tuve que aclarar:

—Vengo a verte, pero es sólo por un segundo, Abuela. Ya me tengo que ir.

Como siempre, no me hizo sentir mal por andar de prisa. Simplemente me agradeció la visita y me dio un gran abrazo.

—Bueno —me dijo—, qué bueno que te vi. Come, que estás muy flaco.

Esa era mi abuela.

En otra ocasión mientras estaba de viaje en Puerto Rico, aterricé en helicóptero en el parque de pelota de su vecindario sólo para verla. Era la única forma que podía hacerlo porque no tenía tiempo. Yendo de una punta a la otra de la isla para un asunto de trabajo le dije al piloto del helicóptero en el que iba:

—Necesito ir a ver a mi abuela. ¡Aterriza allí en ese parque!

Y así pude verla otro momentito.

No hay nada como las abuelas. Hasta el día de hoy me siguen sirviendo sus enseñanzas. Algunos de los recuerdos más dulces que tengo de mi abuela son de estar los dos sentados, yo haciendo los deberes de la escuela y ella pintando o trabajando en alguno de sus proyectos. A menudo me acuerdo de sus consejos y sus recomendaciones, y siento como si la llevara muy dentro de mí. Es una bendición poder sentirla tan cerca.

Lo único que sí me duele cuando pienso en ella es que nunca llegó a conocer a mis hijos. Hay tantas cosas de ella que quisiera que ellos conozcan, y que por más que les hable y hable de ella siento que no les voy a poder explicar. Por ejemplo, cuando era pequeño ella nos cantaba a mis primos y a mí una canción de cuna preciosa. Muchas veces cierro los ojos y trato de recordarla, pero me frustro mucho porque no lo logro. Recuerdo perfectamente el timbre de su voz y la cara que hacía cuando nos la cantaba, pero por más que lo intento, simplemente no logro recordar ni la letra, ni la melodía. ¡No puedo! Así que ruego porque algún día esa canción vuelva a mí en un sueño. Pido: "Dios mío, abuela, dondequiera que tu estés, si esto es verdad o no es verdad, si tú existes o no existes, o estás por ahí o no estás por ahí, recuérdame esa canción. Yo quiero cantársela a mis hijos".

Aún no ha llegado, pero no pierdo las esperanzas. Yo sé que si existe un más allá, ella me está mirando con una gran sonrisa en el rostro porque puede ver que este primer nieto suyo sigue andando por la vida con la misma determinación que ella; siendo un hombre fuerte e independiente, tal como ella me enseñó.

PRIMEROS TOQUES DE FAMA

MI FAMILIA SIEMPRE me apoyó cuando comencé mi carrera artística. Reconocieron que para mí era más que un juego. Al ver que me apasionaba tanto, me animaron a que la siguiera y eso a mí me daba muchas fuerzas: el simple hecho de saber que creían en mí me daba mucha seguridad y me alimentaba la autoestima. Por eso no fue ninguna sorpresa para ellos cuando con tan sólo nueve años de edad empecé a hacer comerciales de televisión en Puerto Rico.

Un día en el periódico salió una nota que decía "Agencia buscando talento para comerciales de TV". Mi padre me la leyó y me preguntó: "¿Qué piensas?". Y yo le dije: "Dale, Papi, ¡vamos!". Ese mismo sábado fuimos a donde estaban haciendo las pruebas. Las pruebas sólo eran para ver si el dueño de la agencia me aceptaba, y a partir de ahí comenzaría a hacer audiciones para comerciales de televisión. Me pararon frente a una cámara, me preguntaron mi nombre, edad, a qué colegio iba, y la verdad es que no me acuerdo qué más. Me imagino que me habrán puesto a actuar, a leer algo o me habrán montado una pequeña escena. En fin, lo normal en este tipo de audiciones. Pero lo que sí recuerdo muy bien es que me sentía muy seguro de mí mismo. No estaba nervioso, para nada. Al terminar la prueba regresé a mi casa y a los pocos días me llamaron para hacer la prueba para mi primer comercial.

Recuerdo que el primero que hice fue para una soda. Eran cuatro días de filmación, cuatro días bastante fuertes porque empezábamos a filmar a las seis de la mañana y terminábamos al final de la tarde. Desafortunadamente nunca lo vi porque era para el mercado latino de Estados Unidos y México. Pero lo que sí recuerdo es que al final me pagaron $1.300. Y eso no fue todo, cada seis meses me llegaba otro cheque por $900. ¡Era un trabajo fantástico! Estaba haciendo algo que me divertía muchísimo, y encima de todo me pagaban y muy bien. No podía imaginar algo mejor. Fue como si todo un mundo se hubiera abierto ante mí.

Después vinieron muchos más comerciales, uno de pasta de dientes, otro para un restaurante de comida rápida... Un comercial llevaba a otro, y a otro, y a otro. Una vez entré en el circuito, las oportunidades fueron apareciendo y en un año y medio alcancé a hacer once comerciales —lo sé gracias a mi papá que los tiene todos apuntados. Fue hace tanto tiempo que si no fuera por eso, no creo que los recordaría todos. Tuve mucho éxito haciendo comerciales y después de un tiempo comencé a volverme conocido en el medio. Como ya tenía experiencia y me gustaba tanto estar frente a las cámaras, los productores de los comerciales siempre solían escogerme a mí. Y eso me fue dando más y más confianza y experiencia.

Esos comerciales me trajeron mis primeros toques de

fama. Cuando yo iba por la calle, a veces escuchaba que decían, "Ese es el nene del comercial de…" o "¡Viste! Ese es el chico de tal soda". En esa época me divertía que la gente me reconociera. Como antes las televisiones no tenían control remoto, la gente tenía que aguantarse y ver los comerciales, no como ahora que podemos cambiar de canal desde el sofá. Por eso me fueron reconociendo más fácilmente en uno y otro comercial, y debo confesar que me gustó. Hoy en día hay momentos en los que se me hace difícil encontrar un momento de paz y tranquilidad para sentarme en un parque o ir a jugar billar con mis amigos. La gente me reconoce, y eso a veces significa que tengo que sacrificar algunas de las cosas que para otras personas son normales: salir a comer a un restaurante, dar un paseo por la calle o ir a la playa. No porque no las quiera hacer, sino porque en ellas no encuentro la paz o la tranquilidad que busco. Y con todo y eso de todas maneras las hago, pero casi nunca paso desapercibido. El anonimato es algo que de vez en cuando echo de menos, pero la verdad es que la fama me ha traído tantas otras bendiciones que tampoco me quejo; en últimas, es parte integral de mi trabajo y por lo tanto es algo que disfruto. La mayoría de la gente es simpática y amable, y casi todos respetan mi derecho a la privacidad. Es lindo cuando alguien me dice que significo algo en su vida, ya sea que una de mis canciones le ayudó a encontrar el amor o que fue a un concierto mío que le gustó. Todo eso para mí es muy importante porque es la razón por la cual hago lo que hago: me gusta dar un poco de alegría a los demás y disfrutar mientras lo hago.

La fama es un fenómeno curioso. Cuando la tienes, hay tanto pero tanto que puedes hacer con ella. No sólo se trata de que la gente te reconozca en la calle o que los fotógrafos te tiren fotos cuando caminas por la alfombra roja. La fama es también una herramienta que si la sabes usar bien, te sirve para llegar a miles y miles de personas y transmitirles un mensaje, susurrarles al oído y conectar con ellos. Eso es algo que procuro nunca olvidar. Por supuesto, se hacen muchos sacrificios para alcanzar la fama tanto a nivel personal como a nivel profesional, pero al final lo más importante es saber utilizarla para lo que más importa.

MENUDO

MI PADRE ME dijo una vez: "Maldito sea el día en que entraste a Menudo. Ese día perdí a mi hijo".

Tenía toda la razón. De cierta forma él perdió a su hijo, y yo perdí a mi padre.

En aquella época era imposible saber lo que venía. Ni siquiera lo podíamos imaginar. Yo sólo veía las infinitas oportunidades, las miles de cosas increíbles que me esperaban en el nuevo camino que se estaba abriendo ante mí. Ningún niño —ni siquiera cuando ya es hombre— puede siquiera vislumbrar lo que está por venir cuando da un virón en su trayectoria. El niño ve lo dulce y rico del caramelo y lo único que quiere es darse un atracón; no piensa en el dolor de barriga que puede venir más adelante.

Era imposible comprender cuánto me iba a costar alcanzar lo que deseaba. En ese momento lo único que sabía era que lo anhelaba con todo mi ser; mi alma y mi corazón. Había trabajado con ganas y dedicación y tenía claro hasta dónde quería llegar. El escenario era un sueño y estaba dispuesto a hacer todo lo necesario para alcanzarlo. En ese sentido, Menudo fue un sueño obsesivo —no pensaba en nada más. De los diez a los doce años escasamente podía dormir de tanto pensar en lo mucho que lo quería.

Cuando por fin llegó, dejó de ser un sueño para convertirse en mi realidad de todos los días. Fue un momento en el que se decidió el rumbo que tomaría mi vida.

Lo que me dio fue grandioso —experiencias y emociones que me marcaron y mejoraron para siempre. Lo que me costó fue mi niñez. Pero recibí lecciones invaluables a través de lo que conocí y lo que perdí. Y así como no quisiera perder ninguno de los recuerdos lindos que tengo de esos años, tampoco quiero olvidarme de ninguna de las penas que pasé. El dolor me ayudó a apreciar más la alegría y también me fue forjando como hombre. Es como en todo: si no fuera por las cosas malas de la vida, nunca llegaríamos a apreciar las buenas.

Cuando era pequeño, mi madre siempre me decía: "Hijo mío, en esta vida se puede hacer todo. Pero tienes que saber hacerlo". Me lo decía porque me conoce bien; sabía que en ese momento yo quería todo y que en esos tiempos, todo era Menudo.

Volví loco a mi padre para que me llevara a las audiciones. Le decía: "¡Yo quiero! ¡Yo quiero! ¡Yo quiero!". Le rogaba de todas las manera imaginables, y le rogué tanto que no sé cómo no me tiró al fondo del mar. Hasta que al fin un día me dijo:

—Bueno, pues vamos.

Casi estallo de la felicidad.

Para ese entonces corría el año 1983. Hoy día tal vez sea difícil comprender lo que representaba Menudo en aquel momento, pero la verdad es que no había nada igual. Me atrevo a decir que hasta el día de hoy sigue siendo algo único en la historia de la música. Antes que existieran grupos como New Edition, los Backstreet Boys, New Kids on the Block, 'N Sync o Boyz II Men, había Menudo. Fue el primer grupo de chicos latinoamericanos —el primer *boy band* como le dicen en inglés— que alcanzó la fama internacional. El grupo tuvo tanto éxito que hasta se llegó a hablar de "Menudomanía" y "Menuditis", y con frecuencia se le comparó al fenómeno de los Beatles y la Beatlemania.

El proyecto Menudo comenzó a finales de los años setenta cuando el productor Edgardo Díaz juntó a un grupo de cinco niños adolescentes, todos puertorriqueños. Ahora la particularidad de Menudo y, creo yo, lo que hizo que Menudo fuera realmente único —y que su fama durara por tanto tiempo— es que los chicos que conformaban el grupo siempre iban rotando. La idea era que sólo se quedaran en el grupo hasta los dieciséis años, y en ese momento se le cedía el paso a un nuevo integrante. Así los chicos siempre se mantenían jóvenes, preservando toda la alegría y la inocencia de la adolescencia. El primer Menudo fue conformado por dos grupos de hermanos: los Meléndez (Carlos, Ricky y Óscar) y los Sallaberry (Fernando y Nefty). Sacaron su primer disco en 1977 y a partir de ese momento el grupo se fue haciendo más y más famoso: en tan sólo unos años ya llenaban estadios a lo largo y ancho de Latinoamérica y sus fotos aparecían hasta en la prensa asiática. Se convirtieron en un fenómeno mundial y cuando la compañía disquera RCA se dio cuenta de lo que estaba sucediendo, los firmaron por un contrato multimillonario. Con eso su reconocimiento creció aún más, hasta que llegó a tener miles de jóvenes fanáticos en todos los Estados Unidos y el resto del mundo. De hecho, una de las cadenas anglosajonas más importantes de los Estados Unidos utilizó su música para enseñarles a sus televidentes a hablar español.

Así que ya para cuando yo era pequeño (a finales de los setenta, principios de los ochenta), Menudo era lo máximo. Un fenómeno mundial. Una maravilla. ¿Cómo no iba a querer ser parte de eso? ¿Y más aun cuando era un fenómeno que había nacido en mi propia isla? Me sabía todas sus canciones de memoria, las cantaba desde que tenía memoria. Y me gustaba tanto cantar que, con la confianza propia de la juventud, me parecía que entrar al grupo no era un sueño imposible. Entonces me dediqué a trabajar cuerpo y alma para convertirlo en realidad.

Pero como muchas cosas en la vida, mi deseo de entrar a Menudo no vino sin cierta dosis de contradicciones. A pesar de que los chicos de Menudo eran mis ídolos y yo soñaba con entrar al grupo, para la gran mayoría de los chicos de mi edad Menudo era cosa de nenas. Cultural y socialmente estábamos tan condicionados —un poco por ignorancia, un poco por envidia— a pensar que a un hombre de verdad no le interesa bailar y cantar, que a cualquiera le hubiera parecido ridículo que un chico como yo quisiera hacerlo. De hecho, cuando mis amigos de la escuela me preguntaban por qué quería entrar a Menudo, yo siempre respondía que era por "las chicas, el dinero y los viajes". Tristemente, de haber dicho la verdad —que quería cantar y bailar en un escenario— no tengo la menor duda que se habrían burlado de mí, acusándome de ser una nena. Entonces en lugar de decir la verdad, simplemente seguí la corriente y dije lo que se esperaba de mí, adoptando la línea de menor resistencia. En su momento, yo no lo viví como algo traumático, pero ahora me doy cuenta de lo triste que es que no me sintiera cómodo de decir la verdad.

Después de insistir durante meses, por fin un día se me dio la oportunidad de presentar una audición. Mi padre me llevó a los estudios donde las estaban haciendo y recuerdo perfectamente que en el camino yo me sentía perfectamente tranquilo. Aunque hubiera sido normal estar por lo menos un poquito nervioso, yo estaba relajadísimo porque sabía que lo iba a hacer bien y que a los ejecutivos no les quedaría otra opción que decirme que sí.

Y así fue... casi. En la audición me fue muy bien. Les gustó como cantaba, como bailaba, sin embargo, había un problema: era muy bajito. Los demás chicos del grupo me llevaban media cabeza y los encargados querían que todos los chicos de la banda fueran más o menos de la misma estatura. Pero en lugar de desanimarme, ese rechazo inicial no hizo sino incrementar mi determinación. Volví a presentarme a una audición nueve meses más tarde, pero otra vez fallé porque seguía siendo muy bajito. Hasta me aconsejaron que me comprara una pelota de básquetbol y que me pusiera a jugar para ver si crecía... ¿Qué cínicos, no?

Pero claro, yo no me dejé desanimar. Seguí insistiendo hasta que por fin en la tercera audición lo logré. En realidad no había crecido casi nada desde las dos veces anteriores, pero por alguna razón esta vez mi estatura no pareció importarles. Yo creo que en parte fue porque me notaron las ganas tan tremendas que tenía de entrar. "¡Es que tú no vas a crecer nunca!", me dijeron.

El día de esa tercera audición, me llamaron y me dijeron que me querían hacer otra prueba en la casa de una de las asistentes del representante del grupo. Yo por supuesto fui hasta su casa y allí canté un par de canciones. Cuando terminé la representante me dijo, "Ahora vamos a las oficinas del grupo". Me pareció un poco extraño, pero como no tenía nada que perder, la seguí.

La sorpresa fue cuando llegamos a las oficinas del grupo, donde ya estaban mis padres. Al principio no entendía por qué estaban allí, hasta al fin alguien me lo dijo claramente: "¡Pasaste la prueba! ¡Eres un Menudo!". Yo me quedé boquiabierto. Estaba feliz, claro, pero a la vez no lo podía creer. Me felicitaron, lo celebramos, pero lo realmente increíble fue que eso me lo dijeron a las siete de la noche, y al día siguiente a las ocho de la mañana ya estaba en el avión camino a Orlando, Florida, donde se encontraba la base del grupo. En cuanto llegué fui directo a dar entrevistas, a conocer a los estilistas y a que me entallaran la ropa. En menos de veinticuatro horas, mi vida cambió por completo.

Dejé atrás mi familia, mi barrio, mis amigos, absolutamente todo lo que hasta ese momento me había sido familiar. Fue un cambio muy abrupto y hubiera podido ser traumático de no ser porque yo estaba volando de la alegría. Estaba tan feliz que me sobraba energía para todo lo que había que hacer. Tuve que aprender dieciocho coreografías en sólo diez días, y puedo decir que es algo de lo que estoy muy orgulloso porque había otros chicos que se demoraban cuatro días para aprender una sola. Fueron días muy intensos y a ratos muy duros, pero yo sentía que estaba tocando el cielo con las manos.

Tan sólo un mes después de unirme al grupo tuve mi debut en el Centro de Bellas Artes Luís A. Ferré en San

Juan de Puerto Rico. Ricky Meléndez —el último integrante que quedaba de la alineación original— era el chico que se iba del grupo y por lo tanto fue él quien me presentó aquella noche, lo cual para mí fue muy especial. Se había planeado todo para que después de su presentación yo quedara cantando solo en medio del escenario mientras el resto del grupo se quedaba sentado en unas escalinatas detrás de mí. Fue un momento espectacular. No sentí nada de nervios, por el contrario; agarré el micrófono y me puse a cantar, caminando de un lado al otro del escenario, moviéndome al ritmo de la música. Quedé muy contento con mi presentación, sobre todo cuando terminé y el público me dio tremendo aplauso. Cuando lo escuché, me sentí tan bien que no hizo sino confirmar que esto era lo que yo quería hacer para siempre.

Pero esa noche también tuve una de mis primeras lecciones de cómo se hacían las cosas en Menudo. Cuando terminó mi canción y salí del escenario, estaba el representante del grupo esperándome tras bambalinas. Yo todavía estaba en las nubes, sintiendo la euforia del aplauso que acababa de recibir cuando el representante se me acercó a gritos:

—¡¿*Acaso no te dije que te quedaras parado en el centro del escenario?!*

Era cierto. Me lo había dicho por cuestión de la iluminación, y a mí se me había olvidado por completo. Me había ido paseando de un lado a otro del escenario, cuando ellos lo que tenían previsto era que yo me quedara quieto en un lugar fijo para ponerme las luces. Los pobres del equipo de iluminación habían pasado el rato como locos tratando de seguirme con los focos.

El disgusto fue tal que a partir de ese momento más

nunca me moví cuando no debía moverme. Aprendí esa lección al igual que todas las demás que vendrían después. Esa era la disciplina de Menudo: o hacías las cosas tal como te decían o no eras parte del grupo. Así de simple.

LA BUENA VIDA

SOBRA DECIR QUE después de haber luchado tanto para incorporarme a la banda, yo no iba a hacer —o dejar de hacer— nada que me fuera a costar mi puesto. Para mí Menudo era mucho más que un nuevo mundo; era otra galaxia. Cuando viajábamos lo hacíamos en un avión privado, pero no era cualquier avión privado: ¡se trataba de un jumbo 737! En las ciudades a donde íbamos no nos reservaban una simple suite en un hotel, ni tampoco un piso; ¡teníamos todo el hotel para nosotros! A veces hasta teníamos un piso entero sólo para entretenernos, lleno de flippers y videojuegos. Vivíamos en nuestro propio Disney World, el sueño dorado de cualquier niño. ¡Era divertidísimo! Cada día era una aventura nueva y eso me encantaba. Trabajábamos durísimo, pero cuando llegaba la hora de descansar nos trataban como reyes.

La otra cosa que siempre me encantó de Menudo es que éramos como una familia. Los ratos libres que teníamos los pasábamos jugando y hablando —también a veces peleando— como cinco hermanos. Como yo era el más joven y el más pequeño de estatura, muchas veces los otros chicos hacían las veces de hermanos grandes. Cuando estábamos en esas multitudes en las que las fanáticas se nos abalanzaban, ellos siempre se encargaban de protegerme de toda la locura. Y eso me hacía sentir especial.

Viajamos por el mundo entero. Dimos conciertos en Japón, Filipinas, Europa, América Latina y, por primera vez en la historia del grupo, hicimos una gira por los Estados Unidos que incluyó veinticuatro noches en el Radio City Music Hall de Nueva York. Era realmente impresionante ver a miles de personas parando el tráfico de la sexta avenida en frente de Radio City Hall ¡y alrededor de toda la manzana! Viéndolo desde la ventana de los camerinos, parecía una mar de gente. Cientos de policías tuvieron que formar un cordón humano en la calle sesenta y tres, esquina con la avenida Lexington, que era donde quedaba nuestro hotel.

Nuestras fanáticas eran apasionadas, y no se detenían ante nada. Recuerdo otra vez cuando estábamos en Argentina que había una multitud de por lo menos cinco mil fanáticas agrupadas afuera del hotel. Tenían afiches, fotos, banderas y toda la parafernalia de Menudo. Las chicas gritaban y daban vítores cada vez que aparecíamos en la ventana. ¡Bastaba con sacar una mano para que se volvieran locas! Cantaban nuestras canciones y barras como las que se escuchan en los estadios, pero adaptándolas al grupo. Al rato aparecieron unos chicos y, supongo que molestos de ver que Menudo se llevaba toda la atención de las chicas, comenzaron a cantar sus propias barras, pero criticando y diciendo groserías acerca de Menudo. Hasta que uno de los chicos se atrevió a bajar a donde estaban todas las chicas e intentó arrebatarle a una su bandera de Puerto Rico... ¡y las chicas se defendieron como fieras! Lo abuchearon y lo golpearon tanto que creo que por poco el chico no cuenta el cuento.

Cosas así nos pasaban todo el tiempo. Era una verdadera locura.

¡Qué cambio! Antes de incorporarme al grupo, mi vida había sido totalmente distinta. De una existencia sencilla en Puerto Rico en la que vivía rodeado de mi familia y mis amigos de infancia y donde me movía en tan sólo un par de cuadras de mi barrio, salté a un mundo de fama, lujo e idolatría. Pasé de ser el niño querido de mis padres y el nieto adorado de mi abuela, a convertirme en una estrella internacional que viajaba por el mundo dando conciertos en los escenarios más importantes del planeta. Como es natural, a ratos había momentos en los que me sentía un poco perdido y hubiera querido tener a mi mamá o a mi papá para que me reconfortaran. Durante todo el tiempo que pasé en Menudo ellos siempre estuvieron muy pendientes de mí y hablábamos a cada rato. Pero claro, eso no siempre es suficiente. Recuerdo, por ejemplo, una vez que estábamos de gira en Brasil, yo llamé a mi mamá una noche y le dije:

—Mami, no puedo más. Quiero regresar a casa.

Ella me reconfortó como pudo y me dijo:

—Hijo mío, si eso es lo que tú quieres, no te preocupes que mañana vamos a hablar con los abogados y arreglamos todo para que regreses a casa. —Y en seguida añadió—: Ahora mismo es muy tarde en la noche para hacerlo, pero si eso es lo que tú quieres, mañana llamo al abogado a primera hora.

Yo me acosté a dormir un poco más tranquilo después de haber hablado con ella, y ya para la mañana siguiente se me había olvidado por completo lo que me estaba molestando el día anterior. Llamé a mi mamá bien temprano esa mañana y le dije:

—¡Mami, ya estoy bien! No te preocupes, no llames a los abogados que todo está bien.

Yo me sentí tan protegido al escuchar las palabras de mi madre. Salirme de Menudo en ese momento hubiera complicado todo. Me habrían puesto demandas por incumplimiento de contratos, la noticia habría explotado en los medios, habría cuestionamientos de todo tipo de por qué un integrante querría salir del grupo cuando aparentemente todo iba de maravilla... Hoy en día me doy cuenta que habría sido una bomba. Pero no importaba cuales fueran las consecuencias, mi madre estaba dispuesta a lidear con todo. Lo único que ella quería era que yo no viviera en esa angustia que ella escuchaba por el teléfono.

Así que seguí adelante. Como cualquier persona que se tiene que levantar a trabajar todos los días, por supuesto que tuve mis momentos de debilidad y desasosiego, pero la euforia de todo lo demás que estaba sucediendo me empujaba siempre a seguir adelante. Yo sabía que estaba viviendo algo extraordinario y por más cansado que estuviera a veces, no me quería perder nada.

LOS NIÑOS DEL MUNDO

Era gracias a todo el trabajo que hacía que tenía la oportunidad de vivir tantas cosas geniales y conocer a tanta gente extraordinaria, una conexión que vi con aún más claridad cuando, por ejemplo, nos convertimos en embajadores de UNICEF. Los representantes del grupo querían aprovechar nuestros viajes por todo el mundo para que en nuestro rol como embajadores invitáramos al show a niños desfavorecidos que vivían una realidad muy diferente a la nuestra. Muchas veces se trataba de niños huérfanos o de niños de la calle que habían tenido que enfrentarse a las durezas de la vida a una edad demasiado temprana.

En esa época nuestro concierto más pequeño era para alrededor de 70.000 personas. Por otro lado, tuvimos el récord mundial de 200.000 personas de asistencia para nuestro concierto en el estadio de Morumbi en la ciudad de São Paulo. Pero cuando se trataba de estar con los niños y darles un poco de alegría en sus vidas, todo el glamour de los aviones privados, el tener un hotel entero para nosotros, un chef particular, guardaespaldas individuales, tutores, asistentes, etcétera, todo eso dejaba de existir. Los organizadores nos decían, "Espérense un momento. Ahora vamos a compartir con unos niños que no son ni más ni menos que ustedes. Simplemente viven una realidad muy diferente a la suya". Y el haber podido compartir tanto con esos niños fue una de las experiencias más valiosas que me haya dado Menudo. Aprendí a ver la vida desde otro punto de vista, a comprender lo que realmente es valioso y lo que no, lo cual es una lección más que importante cuando se es un adolescente que vive en un mundo de lujos y abundancia.

Fue en ese momento que realmente comprendí cómo vivían muchos niños en otras partes del mundo. No era fácil, podía llegar a ser un golpe de realidad duro, pero la experiencia me encantó. Fue algo muy especial porque yo era el más pequeño de mi grupo —para esa época tenía doce años— y el que me seguía en edad tenía catorce. Pero entre los doce y los catorce años hay mucha diferencia, y como casi todos los niños que invitaban eran de mi edad o menores, yo rápidamente establecía una conexión especial con estos niños que tenían una sabiduría muy diferente a la mía. Aprendí muchísimo de ellos.

No me sentía mal porque yo tuviera tantas cosas materiales en comparación con lo poco que tenían ellos. Por un lado me sentía bien por lo que yo estaba compartiendo con ellos, pero también me di cuenta que aunque yo tenía cosas que ellos no tenían, ellos tenían otras cosas que a mí me faltaban, como por ejemplo la libertad. Todo es relativo en esta vida y lo que para uno es normal, para otro es un tesoro. Aunque a ellos les faltaban cosas materiales, tenían la libertad de poder ir a donde quisieran cuando quisieran. Y aunque a mí me encantaba el escenario y la admiración de los fanáticos, la vida que yo llevaba era muy estricta. Para nosotros, un día típico empezaba a la ocho de la mañana: primero íbamos a estudiar y luego ir a firmar discos. Por la tarde nos hacían fotografías y luego entrevistas, ensayos y más sesiones de fotos antes de cenar. En cambio estos niños hacían casi todo lo que querían, la vida en la calle les daba una libertad absoluta. Claro, esa libertad venía con muchas más dificultades, pero en ese momento yo veía cómo yo tenía que pedir permiso hasta para salir a la esquina y ellos podían hacer lo que quisieran sin pedirle permiso a nadie. A nosotros nos vigilaban en todo momento y teníamos que obedecer ciertas reglas de seguridad. Y aunque yo tenía una vida tan increíble, única y divertida, sin lugar a duda encontré también belleza en su libertad.

No sé si en esos tiempos me di cuenta de la magnitud del impacto que esas experiencias iban a tener en mi vida a largo plazo. No creo que en ese momento haya pensado, "Esto va a afectar o beneficiar mi vida para siempre". Creo que no fue sino años después que me di cuenta de lo mucho que me marcó ese tiempo compartido con los niños, pues esas experiencias plantaron en mí la semilla del trabajo filantrópico que comencé a hacer más tarde y que sigo haciendo hasta el día de hoy.

LECCIONES APRENDIDAS

Los años que pasé en Menudo fueron una época de muchos cambios y muchas lecciones aprendidas. Primero porque Menudo fue mi adolescencia, una etapa muy importante en la evolución de cualquier niño. Pero también fue importante por la disciplina que se me inculcó y el crecimiento profesional que tuve. Lo que yo aprendí ahí sentó, sin lugar a dudas, las bases para todo lo que vino después. Nunca habría llegado a donde estoy hoy en día si no fuera por todo lo que viví y aprendí en Menudo.

Ahora, al escribir estas páginas, me doy cuenta que tuve una adolescencia muy intensa e inusual, pero puedo asegurar que en aquel momento todo fluía de manera muy natural. Como era lo único que conocía, a mí me parecía normal. En medio de todo este caos yo nunca dejé de ser un adolescente con necesidades, intrigas, miedos y cuestionamientos propios de cualquier chico de esa edad. De alguna manera tuve que hacerme hombre a la luz del escenario, lejos de mis padres y en la mira de cientos de miles de personas. Éramos muchachos con catorce, quince, dieciséis años, y teníamos, por ejemplo, a 250.000 muchachitas tirándosenos encima. ¿Estaba yo lo suficientemente preparado para ese rol? Aunque en ese momento quizás habría dicho que sí, más tarde me vine a dar cuenta que me hallaba lejos de estarlo.

Cuando llegué a Menudo, yo no sabía nada de lo que era el sexo, lo cual hasta cierto punto era normal, sólo tenía doce años. Pero además de todo, en mi casa simplemente no se hablaba del sexo. Es increíble, ¿verdad? Hoy en día lo encuentro comiquísimo. Papi es un hombre muy guapo, un hombre que ha vivido y ha tenido sus romances y tiene una mujer maravillosa a su lado. Seguro que me hubiera podido enseñar mucho acerca del sexo. Pero con todo y eso —ya sea por pudor o por timidez— en la casa ese no era un tema que se tocaba.

Él seguramente pensaba que yo aún era demasiado chico para tener esa información y lo entiendo perfectamente, pero la verdad es que la sexualidad es un tema que me llegaba por todos lados, ya sea por la televisión, las conversaciones con amigos del colegio, primos y hermanos mayores. Hoy en día los niños están mucho más expuestos a este tipo de contenidos que las generaciones pasadas. Con esto del Internet simplemente aprietas un par de teclas y entras a un mundo donde encuentras cosas que jamás te hubieras imaginado. Por eso a través de mi fundación hemos creado programas de conscientización para padres, niños y maestros sobre los peligros del Internet. Cuando tu hijo viene con una pregunta como la que yo le hice en ese momento a mi padre, es casi seguro que ya conoce la respuesta: lo que quiere ver es cómo le contestas tú. Está tanteando las aguas para ver qué tan "cool" eres. Por eso creo que es sumamente importante que se le hable a los hijos sin rodeos para que seas tú quien les de la información que buscan, y no cualquier otra persona salida de quién sabe dónde.

En mi familia la comunicación siempre ha sido bien, bien franca. Tengo una comunicación envidiable con mi madre y hoy en día la comunicación con mi padre es ejemplar. Pero de sexo simplemente no se hablaba. Mi padre es un ser humano increíble. Es psicólogo de profesión y tiene una forma de ver el mundo muy particular, muy abierta. Es un hombre muy querido por todos, trabajó muchos años ayudando a confinados en Puerto Rico y sabrá Dios cuántas historias habrá escuchado. Pero yo estoy convencido que es por esas experiencias y por el alma tan especial que tiene, que es tan querido por la gente que tiene a su alrededor. Siempre fue una persona muy dedicada a su familia y la relación que tengo hoy en día con él es testamento de lo mucho que me dio y me sigue dando hasta el día de hoy. Con Papi siento que tengo una camaradería especial de hombre a hombre, esa que hay entre un padre y su hijo adulto. Yo tengo treinta y ocho años; mi padre ya tiene sesenta y uno, y a pesar de que no estuvimos juntos durante mi adolescencia, hemos recuperado el tiempo perdido y ahora somos muy cercanos.

Así que aunque por esa época yo era toda una estrella por estar en Menudo, cuando se hablaba de sexo entre mis amigos, yo era uno de los que más atrasado estaba en el tema. La mayoría ya había cumplido con su rol de rompecorazones y habían estado con niñas. Todos menos yo. En otras palabras, de mis amigos yo era el único virgen y la presión que me ponían era constante. Me preguntaban una y otra vez: "¿Cuándo va a pasar? ¿Cuándo te vas a animar?". Hasta que por fin llegó el día en que tuve relaciones con una chica. Me gustaba, pero creo que mi decisión tuvo más que ver con la presión que me ponían mis amigos o con el hecho de que ya me estaba sintiendo obligado. En esta sociedad un hombre no le puede decir que no al sexo si se le presenta la oportunidad y en aquel entonces aún más, ya que era un Menudo y entre nosotros se consideraba que el más exitoso era el que más pasiones despertara en las chicas. El hecho de que ya se suponía que tenía que cumplir con ese papel, me hizo sentir incómodo, y como que no pude disfrutar del todo ese momento que según mis expectativas ¡hubiera debido ser un poco más romántico, de fuegos artificiales!

Era una chica muy linda y me gustaba, pero la verdad es que no había nada de intimidad o de cariño entre nosotros, y creo que por eso no fue una experiencia tan especial. Recuerdo que me quedé como que, "¿Esto es todo? ¿Esto es de lo que habla todo el mundo? ¡Uf, esto es fatal!". Obviamente no era culpa de la niña, sino de las circunstancias. Toda la situación me pareció incómoda y muy poco placentera. Estoy seguro que muchas personas, ya sean homosexuales o heterosexuales, pueden identificarse con que la primera experiencia no es nada especial... ¡y cómo va a serlo si no tenemos idea de lo que estamos haciendo! Sobra decir que más adelante me encontré con chicas con las que sí sentí y gocé, y cuando descubrí la sensación tan intensa que puede llegar a traer el sexo entre un hombre y una mujer, entonces sí estuve con más chicas y disfruté mucho de su compañía.

EL FIN DE UNA ERA

MENUDO, MIENTRAS TANTO, siguió sacando discos y haciendo giras. Aunque por fuera parecía que tanto el grupo como yo estábamos bien, por dentro, ambos teníamos problemas. Ya para 1987, las ventas de los discos del grupo empezaron a decaer, y tuvimos que cambiar de casa disquera. Eventualmente estos problemas nos llevaron a cambiar por completo nuestra imagen. Nuestra ropa y nuestros peinados se volvieron más de roqueros, y nuestra música también cambió: dejamos atrás el pop para dedicarnos a un género más fuerte. Sacamos el disco *Somos los hijos del Rock* en español, y para nuestros fans en las Filipinas hicimos una versión titulada *In Action* que contenía canciones en inglés y en tagalo. Poco después lanzamos otro disco en inglés, *Sons of Rock,* que resultó en otro hit con la canción "You Got Potential". El éxito nos lanzó en una gira de cuarenta ciudades por todos los Estados Unidos. Fue una época muy emocionante porque nos habíamos logrado reinventar para llegarle a nuestros fanáticos a través de un tipo de música diferente.

Lo que sí no cambió en esos años fue nuestra forma de trabajar. De las muchas cosas que aprendí en Menudo, la disciplina militar es una de las lecciones que más impactó mi carrera y mi persona. Nunca decíamos "No". No importaba lo que nos pidieran, la respuesta siempre era positiva. Decíamos, "¡Sí, vamos!", y arrancábamos para donde fuera para lo que fuera —una cita de promoción, una entrevista en una emisora de radio, a firmar fotos para fans en una tienda de discos, a ensayar— siempre brincábamos. Muchas veces hacíamos todas esas cosas en un mismo día. Comenzábamos de madrugada en una emisora, corríamos a tomarnos fotos para la prensa, de allí a la tienda de discos, después a un hospital para una presentación caritativa y luego al ensayo y a la prueba de sonido antes del concierto de la noche. Era agotador. Muchas veces trabajábamos catorce horas durante cinco o seis días seguidos y en el séptimo, nos montábamos a un avión o a un autobús para encaminarnos hacia otra ciudad.

Trabajé tanto, tanto, tanto mientras estuve en Menudo que para el último año yo ya estaba harto de ser parte del grupo. Me seguía encantando lo que hacíamos, las presentaciones, la música, el escenario, pero para ser honesto, estaba simplemente exhausto. No podía más. El director del grupo me pidió que me quedara un año más porque otros muchachos se estaban yendo, y aunque no necesariamente era lo que yo quería, dije que sí. Mi contrato original con el grupo era de tres años pero para ese entonces yo ya llevaba cuatro años con ellos. Con ese último año, fueron cinco en total.

En realidad sólo me quedé un año más porque tenía mucho respeto y mucho cariño tanto por el grupo como por todo el equipo de trabajo. Obviamente, luego de pasar cinco años viajando alrededor del mundo todos juntos, ya nos habíamos convertido en una familia. Además de la relación profesional teníamos una relación de cariño y yo no los quería dejar colgando en un momento en el que me necesitaban. Así que me quedé un año más, pero lo hice poniendo mis propias condiciones, las exigí y estuvieron dispuestos a aceptar. Cuando comencé en Menudo, sólo éramos dos en el grupo los que hablábamos inglés. Entonces, el otro chico y yo éramos los únicos a los que llamaban cuando había que hacer entrevistas en inglés, mientras que los otros tres se podían quedar en el cuarto relajándose y viendo televisión. ¡Y a mí eso no me parecía justo! Yo también quería descansar y echarme a ver televisión, así que le pedí al director del grupo que durante mi último año en Menudo ese trabajo se lo pusieran a alguien más. Básicamente lo único que quería hacer era los shows. Afortunadamente aceptaron mis condiciones y así lo hicimos.

No era arrogancia de mi parte ni tampoco me estaba haciendo el difícil. Sinceramente, lo único que yo quería era salirme del grupo. Ya estaba cansado y, encima de todo, mientras que todos los otros miembros de la banda se estaban dando la buena vida con sus carros deportivos, sus motos y todo lo demás, yo recibía un cheque mensual por tan sólo $400. La razón era que por la época en que entré al grupo mis padres con sus abogados se decidieron congelar mis cuentas bancarias para evitar malos entendidos. Los representantes de Menudo me pagaban la cantidad completa, pero esta iba a una cuenta de banco de la cual yo sólo tenía permiso de sacar $400 al mes y todo lo demás se quedaba congelado en la cuenta hasta que yo cumpliera los dieciocho años. Me daba mucha rabia que me dieran tan poco dinero —sobre todo cuando estaba trabajando tan duro. Yo sé que hay muchas personas que trabajan más duro que yo y ganan lo mismo que me adjudicaban en ese momento, pero hay que comprender que en ese entonces yo era un chiquillo y mi punto de comparación eran los otros miembros de Menudo. Entonces me parecía que no tenía nada y me sentía muy disgustado.

En mi mente ya eran bastantes los motivos por los que quería cambiar mi vida. Estaba cansado del ritmo que llevaba, estaba cansado de no tener dinero, pero más que nada, sentía que necesitaba un nuevo reto. Los años en Menudo me habían cambiado en muchos sentidos: ya estaba llegando a la edad adulta y lo único que quería ahora era tomarme un tiempo libre para *pensar* —realmente pensar— en quién quería ser y en cómo quería que fuera mi vida.

Por tanto, en julio de 1989 dejé el grupo. Mi último concierto con Menudo fue en el Centro de Bellas Artes Luís A.

Ferré en San Juan. Era la perfecta plaza para acabar mi carrera con el grupo, ya que allí había debutado con ellos. Por fin había llegado la hora de cerrar el círculo y seguir adelante.

Después del concierto volví a mi casa sin la menor idea de qué iba a hacer con mi vida. Sí, tenía que terminar la escuela secundaria, pero en cuanto a mi carrera, mi futuro estaba completamente incierto. Por el momento necesitaba reconectarme con mi familia y volver a aprender a vivir con ellos. De por sí, esto es una tarea difícil para cualquier adolescente, pero creo que las circunstancias hacían que para mí esa adaptación fuera aún más dura. Hacía cinco años que no vivía con ellos y las experiencias por las que había pasado no tenían nada que ver con las que había pasado el resto de mi familia. Me sentía desconectado, solo y hasta un poco perdido.

Mucha gente piensa que la canción que mejor describe mi vida es "Livin' La Vida Loca", pero en realidad se equivocan. La que más se acerca a describir mi vida es una canción que me escribió el gran artista y compositor Ricardo Arjona titulada "Asignatura pendiente". La letra capta de manera extraordinaria el día, cinco años atrás, en que me fui de Puerto Rico por primera vez: *De tu mano pequeña diciéndome adiós / Esa tarde de lluvia en San Juan / Con los besos que llevo conmigo*. Sin saberlo, el día en que me fui de Puerto Rico estaba dejando atrás a los que me querían, estaba dejando atrás a mi niñez. Yo miraba hacia adelante y veía sólo cielo y un universo abierto a todas las posibilidades. Ahora que regresaba a casa, ese mismo cielo se veía nublado y confuso, y las miles de posibilidades que antes se abrían ante mí parecían haberse borrado en el horizonte.

La canción de Arjona refleja lo difícil y lo extraordinario del éxito. El éxito es un arma de doble filo porque con cada cosa que uno hace, algo se deja de hacer; con cada camino que se toma, otro queda sin recorrer. Es la ley de la vida. Yo escogí el escenario, estar frente al público y escuchar sus aplausos, sentir su adulación. Es una sensación que me llena y que me hace muy feliz. Pero ahora con los años que he vivido sé que ese cariño de los fanáticos no es un amor incondicional. El calor de la adoración puede ser muy placentero, pero su intensidad también puede llegar a quemarte.

En nuestra cultura decimos: "No hay mal que por bien no venga". Más bien deberíamos decir "Hoy elijo el camino que siempre fue mío". Decir que el hecho de haber dejado Puerto Rico ese día fue un error es negar u olvidar todo lo bueno que resultó después; todo lo que no me hubiera sucedido si me hubiera quedado en casa. No pienso que el haberme ido de Puerto Rico o el haber pasado tiempo en Menudo haya sido todo bueno o todo malo. Fue un poco de ambos. Yo tuve que hacer lo que hice para llegar adonde estoy.

Cada cual crece a su propio ritmo. Mientras hay quienes tienen la fortuna de crecer bajo la guía, el consejo y el cariño de sus padres, otras personas tienen que adaptarse a las circunstancias y hacerse adultos de la noche a la mañana. Para bien o para mal, este fue mi caso. A la tierna edad de los doce años, la vida me lanzó una oportunidad que cambió mi rumbo por completo: Menudo. Era uno de los grupos musicales más exitosos de la historia y en ese momento para mí era como un sueño hecho realidad, todo lo que siempre había querido. Pero como todas las cosas grandiosas de la vida, la experiencia no vino sin sus sacrificios. Tuve que dejar atrás a mi familia, mi escuela, mis amigos —todo lo que conocía. Sacrifiqué mi infancia y mi inocencia, y aunque hoy en día sé que son cosas que jamás recuperaré, no me arrepiento. Fue muy difícil, pero hacerse hombre se trata de exactamente eso: enfrentarse a los desafíos que nos lanza la vida y crecer con ellos.

Pero en el momento de mi regreso todavía no me daba cuenta de cómo me habían cambiado mis experiencias, ni de cuánto me faltaba crecer. En muchos sentidos ya era un hombre —había vivido, viajado, tenido mis experiencias—, pero en aquel momento no reconocía el camino espiritual por el que iba a necesitar andar para poder reconectarme con quien era realmente. Durante el tiempo que pasé con Menudo aprendí muchas cosas y maduré a una velocidad alarmante. No sólo aprendí a cantar, bailar y todo lo necesario para tener una carrera en el mundo del espectáculo sino que también empecé a experimentar el mundo como un ser independiente, lejos de la mirada protectora de mis padres. Sin embargo, sí me perdí de muchas cosas esenciales de la vida y toda la incertidumbre, el miedo y la confusión de la adolescencia no tardó en golpearme con toda su fuerza al volver a casa. No fue sino hasta el momento en que regresé a la familia y la isla que había dejado atrás, que me di cuenta del enorme agujero que se había empezado a abrir en mi interior. Como muchos, en ese entonces creía que la felicidad se podía encontrar fuera de mí, en lugar de adentro.

DOS

AL ENCUENTRO DEL DESTINO

RECUERDO MUY BIEN QUE EN LA ÉPOCA EN QUE VOLVÍA loco a mi padre diciéndole que quería entrar a Menudo, yo sentía que si entraba a formar parte del grupo ya nunca más me tendría que volver a preocupar por nada. Ganaría dinero, viviría con otros cuatro chicos que en aquella época eran mis ídolos y todos mis sueños se harían realidad. Pensaba que si tan sólo lograba entrar al grupo, ya mi vida estaría hecha pues yo *sabía*, en lo más profundo de mi ser, que quería ser artista. Nada me iba a impedir alcanzar mi sueño. Lo que no sabía es que el camino más corto entre dos puntos no siempre es la línea recta, y para alcanzar mi sueño me iba a tocar pasar por una cantidad de otras cosas antes de llegar a él.

Después de los cinco años que pasé en Menudo —donde todo era más o menos predecible y donde lo único que tenía hacer era seguir una serie de reglas establecidas— mi carrera dejó de ser una línea recta para convertirse en una serie de puntos que a primera vista podrían parecer dispersos. En lugar de enfocar toda mi energía en buscar una sola ocupación que constituyera la totalidad de mi carrera, fui probando un poco de todo porque esas fueron las oportunidades que se me fueron presentando. Así llegué a trabajar en cine, en teatro y en televisión hasta que de nuevo regresé al mundo de la música. De no haber sido por la versatilidad de todas esas experiencias, jamás habría podido abrirme al destino que me estaba esperando. Aún me pregunto si se trataba del destino o si era que yo mismo lo estaba creando a través del deseo o del gran poder magnético de la mente.

REGRESO A CASA

CUANDO REGRESÉ A Puerto Rico, luego de cinco años en la banda, me sentía totalmente perdido. A pesar de todo el éxito que había alcanzado desde un punto de vista laboral, mi vida personal era un desastre. Estaba confundido, era como si no tuviera idea de quién era. Parte de mí quería despegarse del mundo del entretenimiento, pero durante los años pasados en Menudo el mundo del espectáculo se había convertido en una parte tan grande de mi ser que era como arrancarme un pedazo de mí mismo.

Gran parte del desasosiego que sentía tenía que ver con el hecho que era un adolescente de diecisiete años y, como muchos jóvenes de esa edad, sentía que me encontraba en un momento decisivo de mi vida. Me estaba enfrentando a toda una serie de decisiones adultas, pero lo estaba haciendo con la mente de un niño. Irónicamente, aunque el tiempo que pasé en Menudo me había hecho crecer y aprender muchísimas cosas a una velocidad mucho más rápida de la normal, todavía había una cantidad de aspectos en los que no era más que un nene. De los doce a los diecisiete años casi nunca tuve que tomar una decisión por mí mismo (tanto mi ropa como mi peinado, mi música y hasta mi horario lo decidía otra persona), y así avanzaba por el mundo: haciendo lo que se esperaba de mí, dándole siempre el gusto a todo el mundo. Entonces cuando volví a tener control total de mi vida, me sentí completamente perdido: no sabía dónde mirar ni qué hacer. Además, a nivel emocional, me estaba sintiendo desarraigado y confundido. Para aquella época ya había tenido mis primeras relaciones con mujeres y con hombres y aunque no quería enfrentarlo, el tema de mi sexualidad era algo de lo que estaba más que consciente. En mi interior sentía que estaba luchando con sentimientos contradictorios, pero el terror que sentía ante la perspectiva de descubrir —ni hablar de admitir— mi homosexualidad era tal que ni siquiera me di el tiempo de analizar seriamente lo que estaba sintiendo. A mí lo que siempre se me había dicho y enseñado era que la atracción y el amor entre dos hombres era pecado, así que en lugar de enfrentar lo que estaba sintiendo lo escondí porque me asustaba.

Otro problema que encontré cuando regresé a la isla era que tuve que enfrentarme al caos de mi situación familiar. A pesar de que mis padres estaban separados, puedo decir que viví una infancia absolutamente perfecta, sin una nube en el horizonte. Su separación nunca fue motivo de dolor para mí pues siempre se esforzaron en mantener un equilibrio que me daba paz y tranquilidad. Pero cuando entré a Menudo, sentí el dolor por primera vez. El hecho de haberme separado de mi familia a una edad tan temprana dejó una marca profunda en nuestro equilibro familiar. El divorcio que hasta entonces no me había afectado, comenzó a afectarme. Cuando al fin era parte de uno de los grupos más reconocidos del planeta, viajando por el mundo entero y con fanáticos en todas partes, mis padres comenzaron a pelear como nunca antes lo habían hecho. La relación que hasta entonces había sido armoniosa se volvió irreconciliable, y yo quedé atrapado en medio de aquel huracán.

Por un lado, el regreso a mi casa significó un descanso de las presiones del grupo, las giras de promoción y el constante afán de estar trabajando. Sin embargo, para mí fue difícil enfrentar todo el odio y el resentimiento que se había ido gestando durante mi ausencia. Y no sólo hablo del resentimiento que había crecido entre mis padres; me refiero también a la rabia que les tenía yo por ponerme en la situación en la que me estaban poniendo. A raíz de su pelea me estaba tocando elegir entre los dos —algo que jamás debería tener que hacer ningún niño. Cada vez que iba a Puerto Rico la visita terminaba convirtiéndose en una pesadilla. Era ridículo, y muy doloroso. Muy dentro de mí se fue gestando un rencor muy fuerte hacia ellos sólo por el hecho de tener que elegir entre las personas que más amaba en este mundo. Cuando eres un niño el concepto de Dios te lo inculcan tus padres. Pero mientras vas entendiendo el concepto tan abstracto de lo que es un "ser superior", quienes automáticamente toman ese papel son Papá y Mamá. Cuando Papá y Mamá (es decir, "Dios") cometen errores que terminan hiriéndote, no sabes cómo perdonarlos. Es muy loco porque yo crecí en una religión en la cual el que tenía que pedir perdón a Dios era yo, pero en este caso mi Dios, "Papá y Mamá", me estaban hiriendo mucho cuando me ponían en la posición de tener que escoger entre ellos dos.

Creo que hay muchos niños en el mundo que pasan por este tipo de situaciones y me parte el corazón ver que los padres no se dan cuenta del daño que están haciendo a sus hijos. Por más que mis padres tuvieran sus razones para estar peleando, yo lo único que me preguntaba era, ¿por qué tienen que afectarme a mí lo que pase entre ellos dos? Yo trabajaba y trabajaba y ni siquiera podía disfrutar de mi tiempo libre como lo hacían los otros chicos del grupo.

Con el tiempo me he venido a dar cuenta que me maté trabajando tanto en Menudo porque en parte quería olvidarme de los problemas que me esperaban cuando volvía a Puerto Rico. Mientras estaba trabajando y dando vueltas por el mundo, me sentía resguardado y casi protegido de mi realidad familiar. Pero cada vez que regresaba a casa me daba de cabeza contra la realidad. No sabía cómo lidiar con la situación, así que simplemente la aguantaba unos días —lo más posible— deseando siempre regresar al trabajo lo antes posible.

Sin embargo, ahora que mi regreso era definitivo, ya no había escape. Tenía que enfrentarme a mi realidad, fuera la que fuera. Durante mucho tiempo, yo no podía entender por qué peleaban y se odiaban tanto, pero lo que hoy sí puedo entender es que no hay duda de que cada uno estaba haciendo lo mejor que podía según su realidad, y el pensar de esta manera me acercó mucho al perdón.

Me tomó tiempo, pero finalmente comprendí que si peleaban era justamente porque cada cual quería lo mejor para mí. Tanto mi padre como mi madre tenían su propio punto de vista y, aunque su terquedad me causara mucho dolor, ellos lo estaban haciendo por la mejor razón de todas: porque me quieren y soy su hijo. ¿Y qué puede ser mejor que eso? Hay padres y madres que abandonan a sus hijos y no los protegen. Mis padres nunca fueron ese tipo de padres. Todo lo contrario: siempre se preocuparon por mí y me amaron de todo corazón. Fue cuando entendí ese concepto que por fin encontré la calma. En mi corazón pude perdonar todo el dolor y la rabia que había sentido, y hoy en día tenemos una de las relaciones más cariñosas y amorosas que pueda haber; atesoro cada instante que pasan conmigo y con mis hijos, y hago lo posible por verlos lo más seguido posible.

ADOLESCENCIA

UNA DE LAS cosas que más me gustó de regresar a Puerto Rico fue que sólo tenía que enfocarme en ser adolescente, lo cual fue una forma de descanso. Me dediqué a estudiar y con mi pequeña mensualidad hasta podía pagarme un carrito propio, y así me la pasaba de fiesta en fiesta y no regresaba a casa hasta la madrugada.

Pero por más actividad que pareciera haber en mi vida en ese momento —entre pasar tiempo con la familia, los amigos, las fiestas y el estudio— por dentro me sentía completamente perdido y no sabía ni dónde estaba parado. Por más que mis días estuvieran colmados de cosas que hacer, por dentro me sentía completamente perdido, agotado y confundido. Aunque por un lado pienso que es algo normal a esa edad, estoy seguro que la experiencia de Menudo no había hecho sino intensificar mis dudas. Había disfrutado inmensamente de los años en el grupo, pero cuando todo acabó ya no sabía si quería seguir en el mundo de la música. El escenario que tanto me había llamado la atención, ahora me causaba sentimientos ambiguos, y cuando miraba en el fondo de mi alma simplemente no sabía qué camino tomar. Necesitaba tiempo para pensar.

El 24 de diciembre de 1989 celebré mis dieciocho años y con la llegada de ese día, además de alcanzar la mayoría de edad, obtuve mi libertad económica: por fin pude acceder a las cuentas bancarias que habían estado congeladas desde hacía años, y pude hacer con el dinero lo que quise. Entonces para celebrar me dije, "¡Vamos a vivir!", y trece días después de mi cumpleaños, el 6 de enero de 1990, me mudé a la ciudad de Nueva York.

La idea original era sólo irme una semana —o por lo menos eso fue lo que le dije a todo el mundo. Agarré mi almohada, mi morral y un poco de ropa para que nadie se diera cuenta de mis intenciones. Pero apenas aterricé en el aeropuerto John F. Kennedy, llamé a mi mamá y le dije:

—Mamá, me quedo en Nueva York.

—¡Ay, hijo mío! ¡No puede ser! —me respondió—. ¿Cómo es que te vas a quedar en Nueva York? ¿Por qué no te vas mejor a Miami?

Yo creo que la ponía nerviosa que me fuera a vivir a esa gran ciudad pues tendría miedo de que me asaltaran o quién sabe qué.

—Ay, Mami — le dije—, estás viendo muchas películas. No te preocupes. Ya tomé mi decisión y aquí me quiero quedar a vivir un rato.

Necesitaba tiempo para pensar, pero también creo que

parte de lo que necesitaba era bajar el ritmo de la fiesta. Durante los seis meses que pasé en Puerto Rico hubo bastantes locuras y bastantes salidas. Me divertí muchísimo, pero en el fondo sabía que estaba evitando enfrentarme a la pregunta que me perseguía: ¿qué iba a hacer ahora? Así fue que al llegar a Nueva York, lo último que quería era fiesta. Todo lo contrario: quería encontrar paz y calma. Tenía una pareja de grandes amigos, recién casados, que se acababan de mudar a Nueva York, y me recibieron en su casa durante un tiempo. Mientras estuve con ellos, me familiaricé con la ciudad y tuve un tiempo para adaptarme e instalarme en mi nuevo hogar.

Encontré un lugar pequeño pero cómodo en Long Island City, en un barrio griego a sólo unas cuadras de la casa de mis amigos. Después de Menudo, donde había tenido acceso a los lujos imaginables —avión jumbo 737 particular, hoteles de primera clase, cenas increíbles— lo único que quería era una vida sencilla. Claro, hubiera podido buscarme un apartamento en Manhattan cerca de los mejores restaurantes y en el barrio de moda, pero eso no era lo que buscaba. En mi apartamentito de Queens llevaba una vida muy tranquila y sencilla, con sólo lo necesario. Por primera vez en la vida pude vivir mi vida tal como *yo* quería, sin la presión de mis padres, de mi mánager, de mi productor o de nadie. Hacía lo que quería, cuando quería, como quería. Y si no quería hacer nada, no hacía absolutamente *nada*.

En los fines de semana iba a Manhattan a una tienda de discos donde me ponían a firmar discos, afiches y todo tipo de parafernalia de Menudo. Eso para mí era perfecto porque eran tan sólo unas pocas horas de trabajo a la semana y encima me pagaban por el tiempo que pasaba allí, entonces tenía mi pequeña mesada. Los fines de semana casi siempre me venía a visitar alguno de mis amigos que estaban estudiando en Boston. Casi todos los días me acostaba a dormir con el amanecer, pero no por andar de fiesta en fiesta. De hecho, cuando tienes dieciocho años en Nueva York no hay gran cosa que puedas hacer porque no te dejan entrar ni a los bares ni a las discotecas, para eso hay que tener veintiuno. Mis amigos —que sí venían con ganas de rumba— me invitaban a salir con ellos, pero yo siempre les decía que los vería a la salida. Entonces me quedaba en mi casa tranquilo, relajándome. Me pasaba horas viendo películas, caminando, pintando. De hecho, si recuerdo bien, mis pinturas en aquella época eran un poco melancólicas. Tanto tiempo libre me estaba dando el espacio que necesitaba para pensar, reflexionar y madurar. Quería aprovechar al máximo ese espacio propio y tener tiempo para conocerme a mí mismo.

Desde los doce a los diecisiete años —los cinco años formativos de la adolescencia— todo había sido: "Ponte esta ropa. Córtate el pelo así. Canta esta canción. Apréndete esta rutina de baile. Habla con este periodista". Jamás había tenido la oportunidad de tomar mis propias decisiones, por lo cual ¡no sabía cómo hacerlo! Durante cinco años me entrenaron —me adoctrinaron— para que personificara un concepto. Tenía que ocultar lo que sentía y esconder, a toda costa, mi propia personalidad. No podía ser ni Kiki, ni Ricky... ¡lo único que importaba era que fuera un buen Menudo!

Durante el tiempo que pasé en Nueva York tuve mucho tiempo para pensar y me di cuenta que en los años anteriores me había convertido en un experto en esconder mis sentimientos y emociones. Si me decía a mí mismo, "No, no quiero sentir esto", entonces no lo sentía. Me costaba trabajo decir "Te quiero", pues en el fondo a lo que más le temía era al rechazo. Había pasado tanto tiempo pensando que lo único que importaba era seguir una serie de reglas para siempre gustarle a los demás, que no sabía lo que era ser genuino y expresar mis sentimientos.

Así fue que pasé nueve meses felices, viviendo como un anónimo entre el gentío de esa gran ciudad y me di el espacio para vivir como una persona "normal", en vez de como una celebridad. No era la vida de un monje o un ascético, pero sí era una existencia sobria que hasta el día de hoy sigue siendo un componente esencial de mi vida. Me sentaba en un banquito en el parque y miraba la gente que caminaba, sin que me vinieran a buscar para que les diera un autógrafo o una foto. Era un desconocido. Y esa vida sencilla —disfrutando y celebrando los colores y olores del mundo— me permitió encontrar la paz interior que había perdido. Me pude reconectar con los deseos y las ilusiones que tenía cuando era niño y todavía creía en que los sueños pueden llegar a hacerse realidad.

Al hallar ese silencio pude comenzar a pensar en el futuro y preguntarme en realidad qué era lo que quería hacer. Una posibilidad era estudiar actuación en la Universidad de Nueva York, pero todavía no estaba seguro de si quería volver al escenario. El mundo del espectáculo me seguía causando tanta ambigüedad que una vez que vino mi mamá de visita, hasta le llegué a decir que quería estudiar computación. Ella, por supuesto, se quedó sorprendida y enseguida me dijo en un tono muy serio:

—Hijo mío, por favor no hagas eso.

Sentí coraje al ver que no me apoyaba en lo que yo quería hacer, entonces le respondí:

—¡Mami! Te estoy diciendo que voy a estudiar, es lo que todas las madres quieren para sus hijos. Y tú me estás diciendo que no lo haga. ¿Cómo es posible?

—Hijo —me dijo—. Es que tú no te das cuenta, pero tu destino está en el escenario.

Ella ya lo había visto, aunque yo todavía no lo supiera —o lo aceptara— del todo.

—¡Mami, quitate eso de la mente! —le respondí—. Yo no quiero volver nunca más al escenario. Ya tuve mi dosis. Ya fue suficiente.

Me molesté un poco, entonces no volvimos a hablar del tema. Pasaron unos meses y ella me vino a visitar a Nueva York, donde fuimos a un concierto en Radio City Music Hall. De repente en medio de la representación me giré a decirle algo a mi madre y me encontré con que estaba llorando a lágrima pura. Daba llantos como una bebé.

—Mami, ¿qué te pasa? —le pregunté preocupado.

—Ay, hijo mío, es que tú no puedes dejar el escenario —me dijo—. Ese es tu lugar, allá en el centro, bajo todas esas luces.

Las palabras de mi madre se me quedaron grabadas. Me afectaron, claro, pero no lo suficiente como para hacerme cambiar de parecer. Ahora que lo pienso, lo increíble es que yo nunca me puse a buscar el escenario. Fue el escenario el que me encontró a mí. Yo lo hice porque se me daba de manera muy natural. Como todo en mi vida, es como si el destino me lo hubiera puesto por delante, y yo lo único que tuve que hacer fue decir si quería hacerlo o no, y aprovechar la oportunidad. Ahora más que nunca, con todo lo que he vivido, estoy convencido que así es la vida, esa es su magia y su belleza. Todos viajamos por un camino kármico, un camino espiritual, y cada cual tiene la posibilidad de decidir lo que quiere hacer con lo que la vida le da. Es como si anduviéramos por el desierto y de repente se nos presentara un caballo. Podemos ignorarlo y seguir caminando o montarnos en él. Y si nos montamos, podemos sentarnos ahí sin hacer nada y dejar que el caballo nos lleve por su camino, o podemos tomar las riendas y salir a galope hacia donde *nosotros* queremos ir. Cuando se me presenta una oportunidad, yo decido tomarla o dejarla ir.

Por aquella época, una de estas oportunidades me llegó por teléfono. Llamé a un ex compañero de trabajo en México para saludarlo pues teníamos mucho tiempo sin comunicarnos y en la conversación me invitó a pasar unos días en el D.F. Como tenía todo el tiempo del mundo, acepté sin dudarlo y un par de días más tarde tomé el avión y llegué a esa otra gran ciudad. La idea inicial era quedarme sólo una semana pero, al igual que cuando llegué a Nueva York, mis planes cambiaron drásticamente.

Mi estadía en México se fue alargando una y otra vez. Después de unas semanas de estar allá fui una noche al teatro a ver una obra producida y estelarizada por tres amigas y grandes personalidades del mundo artístico en México: Angélica Ortiz, Angélica María y Angélica Vale. La obra se llamaba *Mamá ama el Rock,* y era una comedia musical. Además de que me hacía ilusión ver a mis amigas, siempre me ha encantado ir al teatro y nunca pierdo la oportunidad de ver una obra nueva. Hacía tiempo que ellas y yo no nos veíamos, entonces cuando nos pusimos a hablar me preguntaron qué andaba haciendo en Nueva York.

—Estoy estudiando —les respondí.

¡Era mentira! Yo lo que no quería era entrar en detalles.

—Bueno, olvídate de eso —me respondió una de ellas—. Tienes que quedarte aquí.

Me sorprendió la seguridad con que lo dijo, pero de inmediato añadió:

—¿Ves ese tipo que está allí parado? —dijo señalando uno de los actores—. Ese se va la semana que viene y no sé qué hacer. ¿No quieres reemplazarlo?

Sin pensarlo dos veces le dije que sí, y así fue que entré al mundo teatral.

ALCANZAR UNA ESTRELLA

MI FAMILIA Y mis amigos en Nueva York no podían creerlo cuando se los conté, pero en realidad todos se alegraron por mí. Sabían que me iba a hacer bien volver a trabajar. Fue así como, de la nada, volví a entrar en un código de enfoque muy intenso. Tenía sólo una semana para preparar mi debut en el teatro. Sí, en una semana me aprendí las coreografías, los diálogos, el movimiento escénico, todo. Se despertó ese militar demente y exigente que traía dentro por mi formación en Menudo, pero lo disfruté muchísimo pues era el tipo de euforia que tenía ya más de un año sin sentir. Fue una locura lanzarme tan rápido a hacer algo que era nuevo para mí, pero la verdad es que la experiencia de Menudo me había enseñado a adaptarme muy rápido al ritmo y al tipo de trabajo que me exigían. Y como dicen por ahí, "De los cobardes nunca se ha escrito nada", así que sin miedo me entregué a esa oportunidad que me había dado la vida.

La llegada a México se dio de manera muy natural. No sólo ya tenía amigos y conexiones profesionales, sino que tuve la suerte de llegar a vivir a casa de otro ex compañero de trabajo. Sus padres y su hermana me recibieron como un miembro más de la familia y eso hizo que nunca me sintiera solo. Fue buenísimo vivir con ellos, pero ya después de unos meses, cuando estaba más organizado, sentí que era hora de independizarme y alquilé un apartamento.

En el teatro mexicano hay una tradición: cada vez que una obra llega a las cien representaciones (o a las doscientas, trescientas, cuatrocientas, y así sucesivamente), al final del show se invita a subir al escenario a actores, cineastas, productores o directores de televisión para presentarle al elenco de la obra una placa conmemorativa por el número de representaciones que ha alcanzado.

Cuando yo comencé a trabajar en *Mamá ama el Rock*, yo no conocía esa costumbre. No entendía bien de qué se trataba todo el escándalo, así que simplemente decidí concentrarme en hacer el mejor show posible. Los demás actores, sin embargo, estaban nerviosísimos porque ellos sí sabían quién era la persona que estaba entre el público esa noche. Todos querían hacer el mejor show de la historia y para cuando se alzó el telón, la tensión en el grupo era palpable.

Sin embargo, yo seguí como si nada, tranquilo. Hice mi papel lo mejor que pude y luego me fui a la casa a dormir. Si yo hubiera sabido que esa noche nos había visto un famoso productor, probablemente habría estado igual de nervioso que todos los demás. Pero como no tenía la menor idea, estaba perfectamente tranquilo. Al día siguiente, el famoso productor me llamó para invitarme a reunirme con él. Hablamos un rato y terminó ofreciéndome una audición para un papel en una telenovela muy popular de esa época que se llamaba *Alcanzar una estrella*. Yo, por supuesto, lo acepté y así empecé una nueva etapa en mi vida: la de las telenovelas. La telenovela tuvo un éxito rotundo, no sólo en México sino en todo el mundo, y fue un fenómeno muy similar al de *High School Musical* o *Glee,* que años más tarde sacudió a los Estados Unidos.

Yo terminé formando parte del elenco de la segunda temporada de la telenovela, que se llamaba *Alcanzar una estrella II*. La historia se centraba en la vida de seis jóvenes que conformaban el grupo Muñecos de Papel. Yo entré a hacer el papel de Pablo Loredo, uno de los integrantes del grupo. El éxito de la serie fue tal que luego se hizo una película que se llamó *Más que alcanzar una estrella,* en la que también participé. Eventualmente los productores de la serie organizaron una gira de conciertos para Muñecos de Papel. Sobra decir que para mí fue como un *flashback* al tiempo pasado en Menudo —aunque esta nunca fue tan grande, ni de cerca— y debo admitir que no estaba terriblemente entusiasmado ante la perspectiva de irme de gira; yo lo que quería era actuar, ¡lo de la gira ya lo había hecho! Pero finalmente accedí y lo disfruté porque éramos un buen grupo y nos llevábamos muy bien.

Increíblemente, gracias a mi papel en la película, ese año gané el premio El Heraldo —que es como el Oscar de México— por mi actuación. Fue un gran honor para mí, y hasta el día de hoy es uno de los premios que más atesoro de mi carrera.

Ahora que lo pienso, me doy cuenta que todo lo que hacía en esa época —inclusive cuando estaba actuando— tenía que ver con la música. Era como si no lo pudiera evitar. Y aunque la tentación siempre es decir que se trató de una simple coincidencia y que no necesariamente tenía que ser así, puede ser también que el mundo estuviera conspirando para llevarme a donde me tenía que llevar. Menudo fue para mí una experiencia increíble que me enseñó mucho del negocio de la música, pero sobre todo acerca de mí mismo. Sin embargo, el trabajo fue tan fuerte y tan intenso que me dejó confundido en cuanto a mi pasión. Yo creo que en el fondo nunca quise dejar de cantar, pero era como si hubiera enterrado ese deseo en lo más profundo de mi ser. Durante el tiempo que pasé en Nueva York realmente llegué a pensar que no quería seguir presentándome en un escenario, pero creo que fue porque estaba quemado de tanto trabajo. El esfuerzo había sido tan inmenso, y mi vida durante esos años había sido tan loca, que simplemente no veía cómo podría seguir a ese ritmo. Pero las oportunidades que se me fueron presentando en México poco a poco fueron cambiando esa manera de pensar, y me di cuenta que la vida en el escenario no siempre tenía que ser tan intensa como en Menudo. Como por arte de magia, el trabajo como actor volvió a despertar en mí las ganas de cantar y, aunque disfrutaba mucho de la actuación, sentí el deseo y la necesidad de expresarme realmente a través de la música.

Evidentemente, uno tiene que hacer lo mejor posible con las oportunidades que se le dan, pero nunca debe olvidarse de quién es y cuales son sus pasiones. Si en lo más profundo de tu ser sientes que eres poeta, no importa si tu oficio es ser médico o contador; no quiere decir que debas dejar de escribir poesía. Al contrario, es importante recordar que lo que uno hace y lo que uno es no siempre son la misma cosa. Ambas cosas son parte de la vida y conforman un mismo camino. Si no sigues intentando hacer lo que realmente te apasiona, nunca podrás realizar tus sueños. Puedes tener muchas cosas como casas lindas o carros de lujo. Puedes encontrar amor y tener una familia que te ame. Puedes tener todo eso y más. Pero, si eres poeta, y no sigues escribiendo poemas, ¿cómo vas a ganarte el premio de poesía con el que siempre has soñado? Si no cultivas tu pasión, siempre sentirás un vacío. Siempre sentirás que algo te falta. No estoy diciendo que haya que dejar el trabajo y sentarse a escribir poemas las veinticuatro horas del día, pero debemos esforzarnos lo más posible para nunca jamás abandonar nuestros sueños.

Desde muy temprano me di cuenta que la música me llenaba increíblemente. También me encanta esa conexión que se crea con el público cuando doy un concierto en vivo. La energía que sale de ese gentío, todos moviéndose al ritmo de mi música, es algo alucinante. ¡Eléctrico! No hay nada igual, ni hay nada que se le aproxime. El trabajo que se hace en cine o en televisión me gusta, pero la reacción inmediata del público no la tienes porque estás en pantalla. No me importa lo que me digan, para mí no hay nada como esa relación que se crea durante un show en vivo. Yo quiero —no, yo necesito— esa reacción inmediata. El aplauso, la energía del público son mi adicción, son mi vicio.

Así fue que a través de una serie de casualidades y causalidades regresé al mundo de la música. Siempre estaré agradecidísimo con México por todo lo que me trajo y todas las oportunidades que me dio. Fue mi trampolín al resto del mundo, porque del teatro pasé a la telenovela, de la telenovela al cine y del cine volví a la música. Uno nunca sabe cómo va a llegar el destino y casi nunca es de la manera más obvia. Gracias a la telenovela y a la película, alguien en la disquera Sony Music se fijó en mí y me ofreció mi primer contrato como solista. Yo, por supuesto, estaba feliz. La idea de hacer un disco que sería sólo mío y en el que podría expresarme como yo quería, era mi sueño hecho realidad.

El representante de la disquera me dio el contrato y me dijo:

—Ricky, tienes que firmar esto ahora mismo. Si tú no me firmas esto antes de que yo me monte en el avión rumbo a Madrid esta noche, me van a echar del trabajo.

Yo me reí y por dentro dije, "¡Qué hijo de puta!".

Sobra decir que hoy en día le habría dicho que iba a tener que esperar a que yo se lo pasara a mis abogados. Pero como en ese momento yo era un chico de dieciocho años que quería cantar, cerré los ojos, firmé el contrato y me dije a mí mismo: "Que pase lo que tenga que pasar, yo quiero hacer este disco, así que, ¿qué importa?". Lo único que quería era empezar a grabar lo antes posible. Estaba tan entusiasmado con el prospecto de volver al mundo de la música y al escenario que no me importaban las condiciones.

Fue un error, un error fatal. Aquel representante de la disquera —y seguro que se reconecerá al leer este libro— se aprovechó de mi ignorancia y me dio un contrato en el que me daba poco más que un centavo de regalías por cada disco o algo así. ¡Un robo! Hoy lo pienso y me tengo que reír de lo absurdo que fue.

Fuera de ese pequeño detalle contractual, ese disco fue el comienzo de algo grandioso para mí, algo para lo cual me llevaba preparando toda la vida. Desde que tenía seis años yo sabía que quería ser artista, porque cuando agarré esa cuchara y me puse a cantar frente a mis tíos, sentí en el fondo de mi alma que era lo correcto. Todo el trabajo y la pasión que le había metido por fin estaba cobrando sus frutos y la música había vuelto a mi vida de manera poderosa y definitiva.

Claro, hubiera sido genial si el representante de Sony hubiera aparecido en mi vida en el momento exacto en el que terminé de filmar la película. Pero la realidad de la vida es otra, y las cosas nunca suceden en el momento exacto en que quisiéramos que ocurran; ¡casi siempre sucede todo a la vez! Esto complica bastante las cosas, pero de verdad creo que si nos quedáramos con los brazos cruzados esperando a que se nos presente la oportunidad perfecta en el momento perfecto, nunca llegaríamos a nada. La vida es compleja, y así hay que enfrentarla. Así que *Ricky Martin*, mi primer disco como solista, se grabó al mismo tiempo que grabábamos episodios de *Alcanzar una estrella II*. Tuve que trabajar sin parar —pero sentía una ilusión inmensa por todo lo que vendría. El día a día era difícil, pero si algo había aprendido durante el tiempo que pasé en Nueva York era que nunca podía perder de vista mi meta a largo plazo. Gracias a que me había dado ese tiempo para pensar y descansar un poco, estuve listo para abrir la puerta el día que el destino vino golpeando. En lo más profundo de mi corazón ya por fin sabía lo que quería hacer: estar en el escenario y cantar.

El disco salió en 1991, al poco tiempo de yo regresar de mi gira con Muñecos de Papel. Fue un éxito rotundo. Una de las canciones que apareció en ese primer álbum fue "Fuego Contra Fuego", y por ella recibí Discos de Oro en México, Argentina, Puerto Rico y los Estados Unidos. Recibir un Disco de Oro es algo muy emocionante (¡ni hablar de varios!), pero lo que más me gustó de ese disco fue que me dio la oportunidad de volver al escenario y hacer una gira de conciertos por toda Latinoamérica. Volví a encontrarme con el público. Estaba cantando en vivo, viéndolos bailar, cantar y gozar al ritmo de mi música. Fue una sensación indescriptible, casi como de estar regresando a casa. Sentí que estaba exactamente donde debía estar y que por fin había encontrado mi lugar en el mundo.

AMORES

AUNQUE DE UN punto de vista profesional pareciera que mi vida andaba sobre ruedas, la verdad es que muy rápidamente comencé de nuevo a trabajar como loco, sin parar, sin tiempo nunca para nada. Entonces mi madre vino para apoyarme mientras pasaba por todo lo que tenía que pasar. A mi madre México le encanta, y el tiempo que pasamos allí juntos fue muy especial —yo ya no era el chico adolescente que había regresado a Puerto Rico después de ser una celebridad internacional y estaba en un momento un poco más maduro de mi vida para tener una relación realmente sólida con ella.

Conozco a mucha gente con madres increíbles que dice la

misma cosa —pero mi madre es una mujer extraordinaria y yo a ella le debo mucho. No sólo por las cosas obvias como criarme, cuidarme, acompañarme, sino porque siempre ha sido un punto de apoyo e inspiración en mi vida. De mi madre, por ejemplo, heredé en gran parte mi pasión por la música, en particular la salsa, el merengue, los boleros, los tríos... Ella es una melómana empedernida y en la casa siempre tenía cientos y cientos de discos de todo tipo de música. Y mientras mis hermanos y yo nos pasábamos horas escuchando música rock americana, ella nos interrumpía para ponernos música de nuestra isla. De hecho una vez nos llevó casi obligados a un concierto de Fania All-Stars... ¡y cómo se lo agradezco! Aunque en ese momento no necesariamente me hizo apreciar más la música latina, más adelante esas influencias que recibí de muy joven fueron determinantes para mi carrera. Cuando vivíamos en México ella siempre me traía discos de Fania, Celia Cruz, El Gran Combo y Gilberto Santarosa, y poco a poco fue con esos cassettes y desde la distancia —en México— que recién comencé a apreciar la riqueza cultural musical de mi isla. Todo gracias a mi madre.

Todavía faltaban unos años para que comenzara el denominado "boom latino" en la música, fenómeno que impulsó mi carrera, pero ya las semillas de lo que estaba por venir se estaban plantando. Sin embargo, así como mi vida profesional estaba poco a poco encontrando su rumbo, mi vida amorosa aún estaba indefinida.

Al poco tiempo de llegar a México —mientras todavía estaba haciendo la obra de teatro— conocí a una mujer maravillosa que era la presentadora de un exitosísimo show de televisión, y desde el primer momento en que la vi me sentí atraído por ella. Además de ser una de las mujeres más bellas que conozco —alta, rubia e infinitamente elegante como una primera dama, con el estilo, el porte, la fuerza y la clase de una Coco Chanel o la belleza y sensualidad de una Brigitte Bardot— es una mujer brillante, dulce, y cariñosa. Rápidamente comenzamos a salir y al poco tiempo se convirtió en mi compañera, mi amiga, mi todo. Lo que teníamos era algo mágico, y si hubiera podido le habría esculpido un trono porque para mí ella era la mujer perfecta. Junto a ella todo era calma, paz, entendimiento, complicidad, travesura. Cuando estaba a su lado, me sentía bien, tranquilo. Me encantaba sentir su cuerpo sobre el mío y su cabellera acariciando mi pecho mientras ella estaba totalmente desconectada, en su mundo, nuestro mundo. Me amaba, yo la amaba, y tuvimos momentos de una unión total y completa. Era una mujer mágica. Perfecta.

Pero como la gran mayoría de los chicos a esa edad, yo no estaba listo para estar con la mujer perfecta. Todavía era muy inmaduro. Eso, además de los mil dilemas que aún revoloteaban en mi interior hicieron que en aquel momento no fuera capaz de abrirme al compromiso ni con ella ni conmigo mismo. Ella podría haber sido el amor de mi vida, pero en ese momento yo sentía que todavía me quedaban muchas cosas por vivir y experimentar. O por lo menos me quería convencer a mí mismo que por eso no estábamos juntos.

Entonces me convertí en el más macho de los machos. Tenía la edad, la fama, era artista, por tanto me dediqué a salir con todas las mujeres que se cruzaran por mi camino.

No importaba que fueran solteras, casadas, viudas o divorciadas. Lo que yo quería era pasarla bien y vivir lo más posible. Quería conocerme y darme el espacio a mí mismo para experimentar cosas nuevas. No sé si era porque en ese momento yo estaba tratando de probarle algo al mundo o a mí mismo o si simplemente estaba dejando que la situación fluyera con toda la furia y la euforia de un adolescente. En el transcurso de esos años también tuve algunas encuentros con hombres, claro, eso también formó parte de mi experimentación, pero nunca fueron relaciones que perduraran o que marcaran mi vida de ninguna manera importante. Lo que pasa es que en ese momento yo no me daba tiempo para pensar ni analizar lo que estaba sintiendo. Estaba viviendo tantas cosas y divirtiéndome tanto que me enfoqué más en *sentir* que en *pensar*.

Fue en medio de ese torbellino de relaciones que caí en las garras de la pasión con una mujer maravillosa, intensa, pasional y prohibida.

Era la antítesis de la mujer que mencioné anteriormente pero igual de fuerte, con mucha personalidad y segura de sí misma, con una visión bastante única de la vida. Todo en ella era enorme... Era una mega mujer. Esta, sin embargo, además de gustarme muchísimo, me volvía loco. En cuestión de días, me hizo papilla: me incendió el alma y me viró como un calcetín. Era un veneno que despertaba otro animal en mí. Lo que sentía por ella era una atracción, un deseo, una pasión física que me devoraba por dentro. Exceso de química. El olor de su cuerpo era completamente adictivo y su piel, su sudor, su lengua, su manera de gozar, como se movía, como nos movíamos, todo me volvía loco. Ella odiaba sus pechos y a mí me enloquecían. Me encantaba mirar su sexo, era una pintura que aún puedo describir al detalle. Los dedos de sus pies me prendían, los quería devorar —y así lo hacía. Todo en ella me fascinaba y me obsesionaba. Era simplemente increíble. El tiempo que pasamos juntos fue como una montaña rusa. Ella despertaba en mí una rebeldía, una locura, una espontaneidad que me enseñó y me liberó en muchos aspectos y hasta el día de hoy siento que fue una de las relaciones más electrizantes que jamás haya tenido.

Estaba tan "enchulao", como decimos en Puerto Rico, que dejaba que mi mente divagara en sueños e ilusiones de un futuro juntos. Pero tarde o temprano volvía a la realidad y entonces me preguntaba, "¿Pero de qué hablas? No eres más que un juguete para ella, así que aprovéchalo mientras dure".

El hecho, que ella estuviera casada —aunque en ese momento estuviera separada— era por supuesto fuente constante de dolor para mí, pero creo que también era una parte de lo que tanto me seducía. La atracción prohibida hace que las cosas sean más excitantes y ella era además una mujer peligrosa y prohibida, cosa que la hacía aún más irresistible. Pero a pesar de todo lo que me gustaba —y quizás por eso—, me partió el corazón. Un día la llamé por teléfono y al contestarme y escuchar mi voz me dijo:

—¡Ay, Gabriel! Ahora mismo tengo dolor de cabeza, te llamo cuando me levante.

Esa respuesta para mi fue un cubetazo de agua fría. El hecho que estuviera haciendo como si yo fuera Gabriel, que era en esa época su asistente, quería decir que ella estaba durmiendo donde debía estar durmiendo —con su esposo. En ese instante me dije, "esto se fue a la mierda". Colgué el teléfono sin decir una palabra y me quedé allí sentado. Frío. Coño, cómo me dolió. Estaba viviendo el momento que sabía llegaría pues para ponerlo en palabras del maestro Gabriel García Márquez, esa había sido "la crónica de una muerte anunciada".

No voy a negar que me costó sacármela de la cabeza. Yo no hacía sino pensar en ella y varias veces hasta fui a esperarla a la salida del teatro donde ella trabajaba, sólo para verla un instante. Sin que ella me viera, claro está. Si vamos a perder la dignidad, más vale que no sea por completo, ¿no?

Pero por más dolor que uno pueda llegar a sentir y por más dificultades por las que uno tenga que pasar, la vida siempre sigue. Hay un dicho persa que dice, "esto también pasará", y no puede ser más cierto.

LOS ÁNGELES

UN DÍA, CUANDO todavía estaba en México me llamó mi representante para decirme que la NBC quería que me mudara a Los Ángeles para actuar en un programa de televisión. Aunque México me había traído muchas cosas extraordinarias y hasta el día de hoy tengo allí cantidades de amigos y gente que quiero, creo que en ese momento ya estaba listo para un cambio. Después de lo que había pasado con esa mujer adorablemente loca, la propuesta de mudarme a Los Ángeles me vino como anillo al dedo. Ya llevaba cinco años viviendo en México, una eternidad para alguien como yo que estaba acostumbrado a estar todo el tiempo viajando.

El primer programa en el que trabaje para la televisión estadounidense se llamaba *Getting By*. Desafortunadamente, el programa duró menos de lo que canta un gallo, pero no tuve mucho tiempo para preocuparme pues pronto descubriría que otra vez había escogido el camino debido. Al ser cancelado ese show, quedé libre y en Los Ángeles. ¿Qué puede ser mejor para un joven artista que está buscando ascender en el mundo del entretenimiento? Y no tuve que esperar mucho porque un día mi agente me llamó y me dijo que la productora ejecutiva de la telenovela *General Hospital* me quería conocer.

Lo irónico de esta historia es que no fue por mi papel en *Getting By* que me vino a conocer, sino porque había asistido a uno de mis conciertos y le había encantado. Una vez más fue la música la que me abrió las puertas a un universo que yo ni siquiera estaba buscando.

En los Estados Unidos, a diferencia de Latinoamérica, las telenovelas duran años y años hasta que un día dejan de tener buenos ratings y las cancelan. Mientras que en Latinoamérica las telenovelas suelen durar unos cuantos meses —máximo un año—, en Estados Unidos duran una eternidad y muchas veces abarcan la historia de varias generaciones de una misma familia. Bien, pues *General Hospital* es uno de aquellos programas que ha durado años y años y es quizás una de las telenovelas más populares de los Estados Unidos, sin duda una de las más famosas. Me sorprendí mucho cuando me llamaron no sólo por lo buena que era la oportunidad, sino porque era como si ya estuvieran decididos a contratarme. Me acuerdo que me hicieron leer un par de páginas de un guión frente a algunos de los grandes ejecutivos de la cadena ABC, pero era como por cumplir con la formalidad para que luego nadie fuera a decir que no lo había hecho. Tan sólo un par de horas más tarde entré a formar parte oficial del elenco.

Me dieron el rol de Miguel Morez, un cantinero que tenía un bar entre semana y los fines de semana se la pasaba cantando. Interpreté el papel durante dos años y medio, y a lo largo de toda esa época aprendí mucho de lo que es el trabajo de ser actor. Pero el papel en *General Hospital* no vino sin su dosis de dificultades. Llegué al programa porque de verdad deseaba entrar a formar parte del mundo de la actuación en Hollywood. En ese momento creía que quería ser actor, pero, aunque mi papel en *General Hospital* era una oportunidad soñada para ese efecto, nunca me sentí del todo cómodo durante el tiempo que pasé allí.

Mirando hacia atrás no sé si era porque estaba otra vez actuando en una telenovela, pero la gran mayoría del tiempo yo sentía que eso no era para mí. No sentía que encajaba bien con el resto del elenco y había muchos momentos en los que me sentía incomprendido, inseguro, como que nunca iba a poder pertenecer a ese mundo.

Creo que el hecho de ser extranjero no ayudaba. Aunque antes de llegar a vivir a Los Ángeles, yo ya le había dado la vuelta al mundo tres veces, a todos lados adonde iba, la gente siempre me comentaba que le gustaba mi acento. Pero al llegar a Los Ángeles, de repente comencé a sentir que mi acento era horrible. Alguien me decía que tenía que tomar clases para reducirlo, o quizás otro mencionaba lo raro que sonaba mi forma de pronunciar tal o cual palabra. Sea lo que sea que me dijeran y sé que probablemente no lo decían con mala intención, el resultado era que me hacía sentir insultado. Excluido. Diferente. Tal vez en aquella época todavía no era tan común tener a actores hispanos en la televisión y la gente no estaba acostumbrada a ver a alguien diferente a ellos. No sé, pero para mí fue una sensación muy desagradable.

Además de sentirme incómodo con mi situación laboral, había otra cantidad de cosas que me rondaban en la cabeza por aquella época. Fue por esa época que la vida, siempre muy sabia, me puso por delante a otro amor —uno de esos amores en los que se te estremece el cuerpo y el alma— esta vez se trataba de un hombre, por quien casi lo dejo todo.

Nos conocimos en una estación de radio y desde el instante en que nos vimos fue un encontronazo de almas, por lo menos de mi parte. Yo estaba de viaje fuera de Los Ángeles y fui a la estación para hacer una entrevista. Apenas abrí la puerta del estudio, me encontré de frente con la mirada más hermosa que jamás haya visto. Era un tipo muy guapo, claro, pero yo había visto muchos tipos guapos en esta vida. Este tenía algo especial, muy especial, y de inmediato fue como un imán que nos atrajo el uno al otro. Como si ya nos conociéramos de mucho tiempo atrás. Él me entrevistó para su programa y durante la entrevista yo me decía, "¿Estoy sintiendo vibra de su parte o son ideas mías? Si es verdad lo que estoy sintiendo, pues aquí voy sin miedo". En un momento mientras yo contestaba una de las decenas de preguntas tontas que me estaba haciendo (luego me confesó que las preguntas eran tontas porque no sabía qué más preguntarme de lo nervioso que estaba), me quede mirándolo fijamente y cuando vi que él no bajó la mirada... *¡BUM!* Me confirmó lo que estaba dudando. Intercambiamos teléfonos. Como yo estaba en ese momento en su ciudad, él comenzó a venir a visitarme al hotel y nos pasábamos horas y horas hablando de cualquier cosa. Ambos éramos fanáticos de la música, la literatura, el arte, y así se nos pasaba el tiempo hablando de una cosa y de otra. En un momento yo le enseñaba de música mientras él me hablaba de literatura, y luego a lo mejor se invertían los papeles. De inmediato tuvimos una conexión increíblemente poderosa, una química física e intelectual, estábamos en la misma frecuencia.

Así duramos el tiempo que duró mi visita a su ciudad, y durante ese tiempo prácticamente no nos separamos. Él en las noches se iba a trabajar en la radio y yo me quedaba en la cama escuchando su voz mientras él me tiraba mensajes sutiles a lo largo del programa. Fue algo muy especial, sobre todo porque yo siempre había sido el conquistador, el predador, el que iba y buscaba a la otra persona y le tiraba una flor o un piropo, tanto con mujeres como con hombres, yo siempre había sido el que acechaba primero. Honestamente, nadie nunca me había mandado mensajes subliminales por la radio en vivo. Fue bastante original, y muy romántico. Durante el día yo me desdoblaba en mil maneras para cortejarlo, pero en la noche él contraatacaba en la radio. Sin que nadie más se diera cuenta, nadie más que yo, ponía ciertas canciones y decía ciertas cosas que sólo a mí me llegaban, que sólo yo podía comprender. Me gritaba su amor por la radio, pero lo increíble, lo poderoso, lo magnífico y devastador a la vez, era que sólo yo lo podía escuchar.

Luego de aquel tiempo compartido yo me regresé a mi casa pero seguimos a distancia durante un tiempo. No era fácil porque la mayoría de los fines de semana uno de los dos tenía que subirse a una avión y viajar horas para ver al otro. Pero me gustaba mucho. Una vez hasta le propuse dejarlo todo para que nos fuéramos juntos a vivir a algún lado... a donde fuera, a Asia, Europa. Éramos jóvenes y yo de verdad pensaba que lo mejor sería dejarlo todo e irnos a vivir juntos. No me importaba ni mi carrera, ni tener que decirle al mundo entero que era gay, no me importaba nada.

Pero él no quiso. Y así me lo dejó saber:

—Tú tienes tu misión muy clara, Ricky; está clarísima. Tú mueves masas, tú llegas a la gente, tú estás mucho más desarrollado que yo para alcanzar lo que deseas hacer con tu vida. A mi me falta mucho, y si en un futuro algo pasa, tú vas a achacarle lo negativo a esto, a mí, a que yo te detuve... Yo no puedo permitir que eso suceda.

En aquel momento sus palabras me conmovieron muchísimo, pero intenté decirle, de todas las maneras posibles, que lo intentáramos. Pero no hubo caso. Y en últimas creo que fue muy sabio de su parte. Hoy en día creo que él simplemente no estaba listo para la relación que yo quería tener con él.

Quizás yo lo quería más que él a mí, o tal vez él todavía tenía que encontrarse en muchos aspectos. Quién sabe. Pero sea cual sea la razón, nos sacudimos el uno al otro; dejé de temerle a mi sexualidad, y estaba dispuesto a afrontarla y anunciársela a quien fuera. Incluso fue por ese amor que yo le dije a mi madre lo que me pasaba, pero fue ya al final de la relación, porque ella notó que yo estaba triste.

—Kiki, ¿tu estás enamorado? —me preguntó.

—Sí, Mami, estoy enamoradísimo —le respondí.

—Aaaah —me dijo—. ¿Y estás enamorado de un hombre?

—Sí Mami, es un hombre.

Pero cuando terminó la relación, me convencí que quizás ese no era mi camino. Me dolía el alma: me sentía rechazado, solo, triste. Tanto dolor no parecía natural, entonces mi instinto fue reaccionar y autoconvencerme que estar con hombres era un error. Así que me encerré aún más en mí mismo y volví a salir con mujeres con la esperanza de que en una de ellas por fin encontraría el verdadero amor. Aunque mi instinto es pensar lo diferente que habría sido todo si hubiera decidido asumir mi sexualidad en esa época de mi vida, en realidad me doy cuenta que no sucedió porque simplemente no era mi momento y todavía me faltaban muchas cosas por vivir antes de llegar a ese punto.

CRISIS DE IDENTIDAD

LA EXPERIENCIA CON aquel hombre me enseñó mucho, pero en los años que siguieron aprendí mucho más. Aprendí que es muy fácil perderse en el dolor. El dolor llega, te seduce, juega contigo, lo haces tuyo al punto que te acostumbras a él y empiezas a creer que así es la vida. Cuando sientes ese peso en el corazón, la mayoría de las veces los parámetros del dolor o del alivio se distorsionan por completo, y es muy fácil quedarte clavado en lo que estás acostumbrado, el dolor. Perdemos la memoria y nos olvidamos de los momentos serenos donde todo es liviano y la gravedad es una aliada. Está bien sentirse herido, es algo humano. Hay que sentir, pero no puedes aferrarte a la tristeza, el desconsuelo o la amargura porque acabarán contigo.

A mí me ayudó mucho lo que me dijo un amigo: "Cuando te sientes jodido y que todo te pesa, ¡brega!". Y no hay nada más cierto. Hay que bregar. Hay que sentir. Hay que seguir para adelante. Yo cuando no estoy en mi condición óptima, emocionalmente hablando, lo último que quiero es que los demás sepan como estoy. Mi abuelo siempre decía, "Mira, niño, ve por la vida con las manos en los bolsillos, y haz puños para que piensen que están llenos de dinero". Lo que quería decir era que no hay que dejar que la gente te vea mal. Creo que esa enseñanza de mi abuelo me marcó mucho y hasta el día de hoy considero que prefiero no ser visto cuando me siento mal. Soy muy privado, y tanto mis tristezas como mis alegrías y mis luchas siempre las he vivido en la intimidad de quienes forman parte de mi círculo más cercano. Por supuesto que vivo, siento y padezco, pero no tiene sentido que cargue con mis dolores por todos los lugares a donde voy.

Hoy en día sé estar atento al dolor y sé qué hacer, espiritualmente, para superarlo con fuerza y seguridad. Poco a poco, a lo largo de mi vida he adquirido el conocimiento espiritual necesario para deshacerme de lo que me hiere y seguir adelante con lo que me alimenta.

Evidentemente siento que siempre se puede mejorar, pero en últimas sé que he dejado de temerle al dolor. Si lo encuentro en mi vida —y sé que siempre habrá dolor ya que no hay manera de erradicarlo— sé muy bien lo que tengo que hacer para enfrentarlo y superarlo con entereza y tranquilidad.

Sin embargo, en aquella época duré un buen tiempo sintiéndome perdido, y toda esa energía que hasta entonces había invertido en quererlo a él, la comencé a invertir en pensar. Analizar. Trataba de entender lo que me había pasado. Lo que sentí por él había sido algo muy fuerte, pero ahora que ya no estaba a mi lado me quedé solo ante el aterrador abismo de mi sexualidad. No sabía qué hacer con todos esos sentimientos; me asustaba lo fuerte que habían sido y me aterraba pensar en que lo que había sentido lo había sentido por un hombre. Así como en un principio me había envalentonado y estaba dispuesto a salir del clóset para estar con ese hombre, su rechazo no hizo sino incrementar mis dudas y mis miedos. Si ya sentía que me costaba bastante trabajo ser hispano en Hollywood, ¿qué podía ser más difícil que ser hispano y homosexual?

Fue un momento muy profundo de mi vida en el que estaba tratando de descifrar quién era. Y mientras más reflexionaba, más me rechazaba porque lo que yo era no podía ser, porque lo que yo era no era compatible con mi visión o mis metas. Hasta mi carrera estaba pasando por una crisis de identidad: en aquel entonces no sabía si quería ser actor o cantante, y a pesar de tener la suerte de estar trabajando como actor en Hollywood, la verdad es que había algo en mí que rechazaba toda la experiencia.

Inevitablemente, llegó un momento en el que sentí que ya no podía más. Necesitaba un cambio. Necesitaba escapar. Sentía que Los Ángeles me había abrumado. Entonces llamé a Wendy Rich, la directora ejecutiva del *General Hospital* en aquella época y una de las personas más maravillosas que yo conocí en Hollywood, y le dije:

—Dirás que estoy loco, y es que en realidad sí estoy loco. Necesito vacaciones y que me dejes cortar el pelo.

En aquella época yo llevaba el pelo largo y en mi contrato

había una cláusula que decía que no podía cambiar mi imagen sin permiso de los directores.

—¿QUÉEE? —gritó—. Ay, Dios mío, ¡la continuidad! Si te cortas el pelo ahora, vas a salir en una escena con el pelo corto y en otra con el pelo largo... Por Dios, Ricky, ¡no lo hagas!

La escena era aún más cómica, por el hecho de que la estaba llamando desde la peluquería.

—¡Lo voy a hacer! —le decía yo.

—¡No! —gritaba ella.

Las peluqueras se morían de risa. Fue muy cómico, la verdad, aunque también un poco triste porque mi problema no era mi cabello, era más bien mi identidad con la que estaba luchando. Estaba como un niño caprichoso y se me había metido a la cabeza que me quería cortar el pelo y nadie me iba a decir lo contrario, ¡o eso creía! Como si eso fuera a solucionar el malestar que traía. Pero afortunadamente, después de discutirlo un rato, tuve un momento de lucidez y le hice caso a Wendy.

Aunque me tuve que dejar el pelo largo —por lo menos durante unos días más— lo que sí logré fue que me dieran dos semanas de vacaciones. Y con lo desesperado que estaba en ese momento, esas dos semanas de libertad representaban MUCHO. Las usé para irme a la montaña donde alquilé una cabañita para desconectarme del mundo. Era febrero y hacía bastante frío; había días en que me iba a esquiar, otras veces me quedaba en casa leyendo, escribiendo, pensando. Había un teléfono, pero sólo lo usaba muy de vez en cuando para llamar a mi familia o a mis amigos y avisarles que estaba bien.

Un día, después de varios días solo, me dio por treparme

a un árbol. En realidad, creo que me subí al árbol porque me acordé que cuando era chiquito al frente de la casa de mi abuela había un árbol, y yo siempre me trepaba a jugar allí. Llevaba todos mis muñequitos de *La Guerra de las Galaxias* y me pasaba horas allí jugando a recrear grandes batallas en el espacio. No sé si fue porque aquel recuerdo me hizo pensar en mi niñez o porque ya llevaba días en silencio, pero de repente me puse a llorar descontroladamente. Lloré y lloré durante un buen rato y logré soltar un poco de la angustia que tenía acumulada por dentro. Finalmente cuando me tranquilicé, regresé a la cabaña donde al poco rato sonó el teléfono: era mi padre. Llamaba para contarme que mi abuelo acababa de morir.

Mientras yo estaba allá trepado en el árbol, llorando y recordando aquel árbol de mi infancia, un árbol que era parte del mundo de mi abuelo y de su casa, él había fallecido. Ese momento me impactó mucho y a nivel espiritual despertó algo muy profundo en mí. Aunque todavía no sabía cómo lo iba a hacer, en ese momento sentí la necesidad de conectarme de manera profunda con una fuerza o una energía superior a mí. Fue un momento de mucha angustia, pero en realidad hoy día lo recuerdo como un momento de gran importancia, pues resultó siendo el comienzo de un largo camino espiritual que sigo recorriendo hasta el día de hoy.

HACIENDO MÚSICA

ANTES DE LLEGAR a Los Ángeles, yo ya había sacado mi segundo disco, titulado *Me amarás*. Como el primer disco vendió bastante bien, unas 500.000 copias, la disquera decidió que para *Me amarás* era importante que yo trabajara con uno de los productores más respetados de la industria, Juan Carlos Calderón. Juan Carlos es una persona excepcional, que yo respeto y admiro profundamente. Desde el día en que empezamos a trabajar juntos yo me sentí muy agradecido por la oportunidad de colaborar con semejante persona. Para mí fue una gran educación trabajar con un profesional de su calibre, pero para ser sincero, yo siempre sentí que ese disco no fue mío, sino suyo. Yo le presté mi voz. El álbum me gustó y los críticos hablaron muy bien del disco, pero no era el sonido de Ricky Martin, y aunque el disco era de todos modos muy bueno de un punto de vista musical, el público reaccionó a eso.

Hoy en día escucho el disco y aunque siento que mi voz ya no tiene nada que ver con lo que era en ese entonces, puedo decir que me siento sumamente orgulloso de lo que fue esa producción. Hay quienes quizás se hubieran sentido frustrados con la experiencia, desilusionados con que el disco no sonara como algo propio. Pero creo que en ese momento —y gracias a mis experiencias pasadas— pude tomar la suficiente distancia para comprender que *Me amarás* era un paso más en mi carrera, no era lo que la definiría. Hay veces en las que vale más la experiencia que el producto final, y puedo decir que esta fue una de ellas. La experiencia de trabajar con Juan Carlos fue absolutamente increíble —aprendí mucho desde un punto de vista musical y técnico, pero también me sirvió para darme cuenta que no quería volver a hacer un disco que no sintiera como propio. Cuando estás rodeado de tanta gente sumamente talentosa, es fácil comenzar a dudar de tus propias preferencias artísticas. Pero para ser un artista realmente original, es necesario permanecer fiel a ti mismo. Y esa fue la lección que aprendí. Mi siguiente disco tendría que ser completamente mío.

Por lo tanto, ya viviendo en Los Ángeles, empecé a trabajar con K. C. Porter, un gran productor de discos, y Robi Draco Rosa, un ex compañero mío de Menudo. Draco siempre fue muy talentoso como músico, como cantante y como artista. Era alguien que yo siempre había admirado y fue muy grato ver cómo el destino se había encargado —hasta el día de hoy— de volvernos a reunir. Draco ha sido el productor de varios discos y cuando trabajamos juntos es algo fuera de serie, a pesar de lo diferentes que somos. Tal como lo puso él alguna vez en una entrevista: "Ricky Martin y yo somos como Julio Iglesias y Sid Vicious". Lo que él hace conmigo no tiene absolutamente nada que ver con lo que él hace con su propia música y sus propias presentaciones en el escenario, y esa es una versatilidad que no tienen muchos artistas. Sabe darme exactamente lo que yo necesito cuando lo necesito. Me atrevería a decir que muy pocos artistas pueden hacer eso. De esa primera colaboración con Draco y K. C. Porter nació *A medio vivir,* el álbum que contenía la famosísima "María", una canción de la cual estoy más que orgulloso —fue, al fin y al cabo, la canción que me catapultó al estrellato, transformando mi vida para siempre.

En la vida siempre existe la tentación de querer tenerlo todo inmediatamente, ahora, *ya.* Cuando vamos tras un sueño y lo vemos todo tan claro, lo normal es querer que se haga realidad de inmediato, o por lo menos lo antes posible. Pero como todos sabemos, las cosas nunca son así de simples. El camino para llegar a lo que se desea está lleno de obstáculos y etapas, y a cada paso hay una lección que aprender. Si yo no hubiera aprendido lo que aprendí con *Me amarás*, quizás jamás habría estado listo para colaborar con Robi y K. C. y hacer lo que hicimos juntos en *A medio vivir*. Fue un álbum que cambiaría mi vida de muchas maneras, aunque en ese entonces yo todavía no lo sabía.

Así que para comienzos de 1996, el inmenso éxito de "María" ya se perfilaba en el horizonte y mi carrera como solista empezaba a despegar de manera definitiva, pero a mí todavía me quedaba otro paso más que dar antes de encontrar mi destino. Esta vez el llamado vino de Nueva York, más precisamente de Broadway, donde fui invitado a actuar en la popular obra musical *Les Misérables*.

Yo soy artista porque me encanta la música, me encantan los escenarios. En ese sentido, los musicales combinan de manera perfecta mis dos pasiones, la actuación escénica y la música, por lo cual uno de los momentos más mágicos de mi vida fue cuando me llamaron para actuar en Broadway. Fue un reto increíble en el que todas las noches me veía rodeado de gente muy talentosa en un ambiente de creatividad absoluta. Procuré absorber cada momento y disfrutarlo al máximo.

Como tantas otras cosas en mi vida, *Les Misérables* llegó de manera totalmente inesperada. Fue gracias a una entrevista para el *Miami Herald*, en la que me preguntaron:

—¿Qué quisieras hacer que aún no has hecho?

Sin pensarlo mucho, les respondí:

—Me gustaría actuar en una obra de Broadway.

Lo dije porque por supuesto era verdad, pero jamás me imaginé lo que ocurriría después. A los pocos días de publicarse el artículo en el periódico, me llamó Richard

Jay-Alexander, el director asociado y productor ejecutivo de *Les Misérables*. Me dijo que había leído la entrevista y sin más preámbulo me ofreció el rol de Marius Pontmercy.

Una vez más, no tuve que hacer audición. Ni siquiera me hicieron una prueba, nada. Simplemente me dieron el papel. Y yo, por supuesto, lo acepté de inmediato.

Mucha gente pensará que es cuestión de suerte. Pero más que suerte, yo creo que después de casi quince años de trabajar como loco, había llegado el momento de recoger el fruto de lo cosechado.

Así fue que comenzaron once semanas extraordinarias, con el auditorio completamente lleno noche tras noche. Creo que ese fue el papel de mi vida, y si me lo volvieran a ofrecer lo volvería a tomar en un segundo, sin pensarlo dos veces. Es usual escuchar a los grandes actores de Hollywood asegurar en entrevistas que sus papeles favoritos los han hecho en Broadway, y la verdad es que me identifico plenamente con esa afirmación. Es una experiencia tan íntima y retadora, que no me sorprende que todos queramos volver a repetirla una y otra vez.

Unos ocho años después de haber actuado en *Les Misérables,* me encontré con Richard Jay-Alexander en un restaurante en Nueva York.

—¡Marius, mi Marius! Siempre serás mi Marius —exclamó—. Ricky, te digo la verdad: Victor Hugo escribió ese rol para ti.

¡Yo no podía creer lo que me estaba diciendo! Richard es un experto, un tipo que sabe mucho de teatro y sus estándares son de los más altos de la industria. ¡Basta con imaginar lo que se requiere para montar una pieza como esa! Así que me sentí muy halagado de que pensara eso de mí.

BUSCANDO A DIOS

DURANTE ESE VERANO que pasé en Broadway conocí a una muchacha húngara que era la peluquera de la obra. Pasábamos horas y horas hablando y me empezó a gustar. Sentía que el corazón me saltaba cada vez que la veía. La invité a salir de todas las maneras imaginables, pero ella siempre me daba la misma respuesta: "No puedo salir contigo si no vamos juntos a la iglesia". Y como a mí la chica me gustaba mucho, le dije "No hay problema, ¡vamos!", así que fui.

Como era verano, la iglesia hacía sus servicios en el parque. Me tuve que levantar a las siete de la mañana —¡las siete de la mañana un domingo!— ya que la misa comenzaba a las nueve. La fui a buscar a su casa y cuando llegamos a donde se hacía el servicio en el parque, de repente ella desapareció. Había allí un montón de jóvenes muy simpáticos y amables que se me acercaron y me dieron la bienvenida, pero a ella no la veía por ningún lado. Entonces me di cuenta que a un lado estaban todos los hombres y al otro todas las mujeres. Me sorprendió mucho pero bueno, como estaba allí para conocerla mejor, no lo cuestioné.

Aunque llegué a aquella iglesia porque estaba siguiendo una chica que me gustaba, creo que también llegué allí porque en ese momento era algo que necesitaba. Pasé un poco más de dos meses yendo a esa iglesia, leyendo la Biblia, haciendo estudios bíblicos. Jesucristo era un hombre muy sabio y en sus enseñanzas descubrí una belleza increíble. Mi vida hasta ese punto había sido pura locura y la simplicidad de esos momentos compartidos con los demás jóvenes de la iglesia me hacía sentir muy bien. Era un ambiente muy tranquilo, muy sano y me ayudó a acercarme al niño que hay en mí.

En las enseñanzas de Jesucristo descubrí un concepto muy importante, el perdón a mí mismo. En aquel entonces luchaba con todas las supuestas cosas "malas" que pensaba que había hecho. Y cuando digo "cosas malas" me refiero sobre todo a los deseos físicos y sexuales que podía llegar a sentir por personas de mi mismo sexo o del sexo opuesto. En ese entonces pensaba que esos pensamientos eran impuros y que no estaban bien, por lo que, a través de lo que leía en la Biblia, empecé a forjar un tipo de perdón a mí mismo. Y eso me trajo mucha calma.

Esa iglesia llegó a regir mi vida, hasta hubo un punto en el que consideré bautizarme, pero finalmente no lo hice. Me costó cambiar mi forma de pensar debido a los códigos que estaban bastante impregnados en mi mente —al fin y al cabo yo crecí católico y eso nunca se borra— pero honestamente lo consideré.

Y a medida que avanzaba en mis estudios, empecé a hacerme más y más preguntas. Me leí toda la Biblia hasta que en uno de los grupos de estudio a los que asistía dijeron: "Si no te arrepientes de tus pecados y aceptas a Jesucristo como tu único salvador, no vas a entrar en el reino de los cielos".

La afirmación me impactó profundamente, entonces dije:

—¡Espérate un momento! ¿Qué quieres decir con eso? ¿Me estás diciendo que toda la gente fallecida que yo amo con locura y que no ha aceptado a Jesucristo como su único salvador no está en el cielo?

—Bueno, pues sí —me respondieron—. Hay que rezar mucho por esas almas.

Yo me quedé frío. Mis abuelos y mis abuelas fueron unos santos. Fueron personas que siempre se dedicaron a ayudar al prójimo. Amaban a sus hijos y nunca faltaron a su hogar, nunca mintieron, nunca le hicieron mal a nadie. Sus vidas fueron vidas llenas de amor y generosidad. ¿Y me estaban diciendo que por no ir a la iglesia ellos no estaban en el cielo? Pues entonces había algo que me quedaba muy claro, yo no quería ir al cielo. Yo lo que quiero es estar con ellos.

Entonces, me surgieron muchas más preguntas: ¿Qué pasa con el resto del mundo que no sigue estas creencias? ¿Están todos en el "infierno"? Pensé (y todavía pienso) que esas declaraciones traen mucha arrogancia. Los judíos, los musulmanes, los católicos, los budistas, los taoistas, los nativos americanos, los ateos, los agnósticos, ¿a dónde van? ¿Quedan atrapados en la nada? Creo que mis preguntas eran muy válidas. Para muchos un poco abstractas, pero sin duda, válidas.

Así que en ese momento me enfrenté a un conflicto irreconciliable. Seguí estudiando y empecé a descubrir otras cosas de las enseñanzas de esa iglesia que me hacían sentir incómodo, como por ejemplo la postura que tenía ante la homosexualidad. Aunque en ese momento todavía no sabía si era homosexual —o más bien estaba tratando de convencerme con todas mis fuerzas internas de que no lo era—, sí sabía que algunas de las personas que yo más quiero son homosexuales y no por eso son malas personas que no merecen el amor de Cristo. Finalmente me di cuenta que de eso no se trataba el cristianismo. Yo llevaba meses leyendo la historia de Jesús y había notado que además de sus sabias enseñanzas hay una serie de leyes creadas por los humanos que no siempre tienen mucho sentido. Si Jesucristo era un ser lleno de compasión, no tiene sentido que las personas que no obran y actúan como él estén equivocadas o vayan al infierno. Me imagino que muy en mi subconsciente ya me sentía atacado, pues eso de que "si eres homosexual eres hijo del diablo" como que no me terminaba de convencer.

Parte de la enseñanza que nos daban era ver a todos los seres humanos como tus "hermanos" para que así dejaras de sentir esa atracción física. Eso por un momento funcionó porque yo de verdad no quería sentir lo que sentía y tampoco quería tener los pensamientos que tenía, porque según la "fe" y los códigos sociales eran parte de la tentación del diablo. Qué conflicto de mierda. Me atacan, pero me aman; me aceptan, pero me excluyen. Hablaban de la homosexualidad como algo que se podía "curar" con la oración y el arrepentimiento, como si fuera algo malo cuando en realidad la homosexualidad es una bendición tal como lo es la heterosexualidad y la vida en general.

Llegó a un punto en que las contradicciones fueron simplemente demasiadas. Entonces dejé de ir a la iglesia y comprendí que se había cerrado otra etapa de mi vida. Estoy muy agradecido por lo que aprendí en esos meses porque sin duda alguna me enseñaron mensajes maravillosos, llenos de luz, pero por otro lado me di cuenta que la interpretación del hombre de cualquier tipo de lectura puede ser dañina cuando se utiliza para controlar a las masas. Y bueno, más importante aun, me di cuenta que simplemente no iba a encontrar las respuestas que yo necesitaba. Tuve muchos momentos espirituales, pero también muchos encontronazos. Fue otro paso en el camino, otra enseñanza y, por que no, otro despertar. Mi camino espiritual estaba, en sus comienzos y todavía me faltaban muchos pasos por dar para encontrar la paz y la aceptación que necesitaba.

Con el tiempo me he dado cuenta que la vida tiene su manera de sacudirme cuando más lo necesito. En el momento no siempre lo he comprendido, y muchas veces lo he resistido, cuando en realidad lo que he aprendido que debo hacer es abrirme a cada uno de los retos que se me ponen por delante, porque son esos mismos retos los que me hacen crecer, aprender, cambiar. En lugar de resistir el cambio, he decidido buscarlo, invitarlo y recibirlo con los brazos abiertos, pues todo cambio, por más terrible que parezca, sé que traerá un sinfín de nuevas oportunidades.

El destino es algo curioso. No siempre nos lleva por donde queremos ir, y muchas veces termina guiándonos hacia un lugar inesperado en donde nos sentimos confundidos, perdidos, sin saber hacia dónde nos dirigimos. Son momentos dolorosos, complicados, que nos hacen sufrir y cuestionar la persona que somos junto con aquello que más deseamos en nuestras vidas. Pero si realmente hacemos el esfuerzo de ver esos retos como oportunidades para encontrarnos a nosotros mismos, comprenderemos que eran exactamente lo que necesitábamos para descubrir o fortalecer nuestro lugar en este planeta. Así es como lo veo yo, y así es como me enfrento a cada oportunidad y a cada reto que me presenta la vida.

Todo lo que sucede en la vida tiene su razón de ser. Yo

creo plenamente en que el Dios que vive dentro de mí —por llamarlo de alguna manera— se encarga de ponerme por delante exactamente lo que necesito. Todas mis penas y glorias me han hecho quién soy. Son el yin y el yang de mi existencia, esa inseparable dualidad de la vida que se combina y hace que nos convirtamos en las personas que estamos destinados a ser. He conocido el amor y la pérdida, la alegría y el desconsuelo, la amistad y el engaño. He conocido un éxito que ha sobrepasado todo lo imaginable, he tenido que aguantar los ataques y acusaciones de mis detractores y, sí, también he tenido fracasos. Hoy sé que todo me ha servido para aprender, crecer y convertirme cada día en una persona más fuerte y más completa.

Para mí es increíble sentarme a pensar en todo lo que sucedió después de que dejé Menudo. Comencé sintiéndome tan perdido y desolado que ni siquiera sabía lo que quería hacer con mi vida. Pero poco a poco el camino se fue dibujando y descubrí cómo la vida misma me fue guiando hacia lo que sería, en últimas, mi destino. En su momento no siempre comprendí por qué estaba teniendo que vivir lo que estaba viviendo, pero con el tiempo pude ver la razón de ser. Pude comprender que una experiencia —ya sea buena o mala— no define el todo, y lo más importante es siempre mantenerse atento a las diferentes oportunidades que van apareciendo en el camino. Todo trayecto tiene sus tropiezos y, por más dolorosos o difíciles que hayan sido, comprendí que esos tropiezos eran necesarios para mi crecimiento y maduración como persona y como artista. Todavía me queda un largo camino por recorrer, pero después de *Les Misérables* por fin sentí que tenía en mis manos las herramientas necesarias para avanzar. Me sentía fuerte, capaz, invencible. Los pequeños tropiezos con los que me había enfrentado se veían opacados por los grandes triunfos y la alegría de haber desarrollado mi potencial artístico en ámbitos tan distintos como la televisión, el cine, el teatro y la música. Todas estas experiencias me fueron forjando para convertirme en una persona mucho más completa de lo que era cuando dejé Menudo y me enseñaron que lo más importante es mantenerse fiel a sí mismo y vivir con la convicción de que cada uno de nosotros está destinado para hacer algo extraordinario. Este sólo era el comienzo.

TRES

MI MOMENTO PARA BRILLAR

HAY QUIENES DICEN QUE NO DEBEMOS TENERLO TODO A LA vez, pero yo no estoy de acuerdo. Lo que sí creo es que no debemos tenerlo todo antes de estar listos. Y para estar listos, hay que trabajar. Mucho. No sólo me refiero al trabajo práctico, el que nos lleva al éxito profesional que buscamos. Me refiero también al trabajo espiritual: tenemos que aprender de las lecciones kármicas que la vida nos pone en el camino.

En mi vida hubo un momento en que los astros se alinearon y todo estuvo en el lugar exacto en donde tenía que estar para que yo pudiera alcanzar mi meta más soñada e incluso ir más allá. Y si hay una lección que aprendí en todo ese proceso es que cuando te llega tu momento, no puedes detenerte para mirar atrás. Tienes que trabajar sin descanso, dar tu todo y dedicarte en cuerpo y alma a sacar adelante la bendición que se te ha dado. Porque es exactamente eso, una bendición. Hay que crecer ante las circunstancias y aprovechar la oportunidad que se nos ha dado para brillar.

Mi fama en el mundo del entretenimiento no me llegó de manera inesperada. Aunque para el público de algunos países tal vez parezca que un día yo aparecí de la nada y comencé a vender discos como loco, la realidad es otra. Mi ascenso en las carteleras de los discos más vendidos fue el resultado de mucho trabajo y mucha dedicación por parte mía y de todo mi equipo. Desde un punto de vista espiritual y personal, me había tomado el tiempo de descubrir lo que realmente quería hacer con mi vida y hacia dónde quería avanzar. Me sentía fuerte y preparado, listo para afrontar todos los retos que la vida me pudiera lanzar. Pero a pesar de haberme preparado durante mucho tiempo para lo que estaba por venir, jamás me hubiera podido imaginar hasta qué punto iba a afectar cada aspecto de mi vida.

CONQUISTANDO EL MUNDO

TODO EMPEZÓ EN el otoño de 1995, cuando salió *A medio vivir*. El primer sencillo del disco se llamaba "Te extraño, te olvido, te amo", una balada que iba más con el estilo de música que yo hacía en esa época. Pero el disco también contenía una joya escondida: una canción llamada "María". Combinaba ritmos latinos, pop y tenía una energía y un tempo muy diferente a todo lo demás en el disco, pero también era completamente diferente a todo lo que yo había hecho hasta ese momento. Yo sabía que había cierto riesgo en salir con algo tan diferente, pero el resultado pagó con creces: "María" fue la canción que terminó impulsándome a otro nivel.

Lo increíble es que la primera vez que le presenté la canción a un ejecutivo de la disquera, el hombre me dijo:

—¿Estás loco? ¡Has destruido tu carrera! No puedo creer que me estés mostrando esto. Estás acabado... este será tu ultimo álbum.

Lo recuerdo como algo surrealista. El tipo explotó sin razón alguna y ni siquiera me dio el beneficio de la duda. Yo no podía creer lo que estaba oyendo, y claro, quedé absolutamente devastado. Por más que me gustara —vaya, me encantaba— la canción que habíamos producido, el hecho de oír esas palabras de la boca de un alto ejecutivo de la disquera me hizo dudar de mí mismo y de lo que había hecho. El tipo no era músico, y estoy seguro que ni siquiera tenía la menor idea de cómo uno se desvive cuando está encerrado en un estudio haciendo música, y por todo lo que uno pasa desde un punto de vista emocional. El trabajo musical es un proceso muy íntimo, entonces sentí como que me estaba atacando en uno de mis momentos más vulnerables y todo lo que me dijo lo tomé muy personal. Alcancé a imaginar que en efecto, mi carrera se había acabado y que nunca más podría hacer un disco o cantar en un escenario —nunca me había pasado algo así.

Pero a pesar del miedo que me infundió aquel tipo, yo me quedé callado. No dije una palabra, ni a él ni a nadie. Pasé unos días de angustia, pero mi consuelo llegó unas semanas después cuando el jefe de aquel odioso personaje eligió la canción para sacarla como sencillo. El resto, por supuesto, es historia. "María" se convirtió en el sencillo de mayores ventas en Francia, España, Alemania, Bélgica, Holanda, Suecia, Finlandia, Italia, Turquía y toda Latino-América —donde desde el instante en que salió, se disparó como un cohete. Para principios de 1996 ya estaba entre los diez más vendidos, y hasta lo puse a la prueba en el Festival de Viña del Mar donde el famoso "monstruo de la quinta Vergara" no me devoró. ¡Todo lo contrario! La canción pegó, y pegó duro.

Fue muy emocionante. Viendo el éxito que estaba teniendo la canción, de inmediato lanzamos una gira de conciertos internacionales que me llevó por toda Latinoamérica. Al terminar la gira regresé a Nueva York donde tomé mi puesto como Marius Pontmercy en *Les Misérables*, y viví esas once semanas extraordinarias en el teatro. Pero ahí fue que sucedió algo muy interesante. Mientras yo subía todas las noches al escenario en Broadway, la gente en todo el mundo continuaba cantando y bailando al son de "María"; la canción cruzó el Atlántico y llegó a Europa a través de España. Durante el verano y el otoño de 1996 la canción siguió acumulando impulso, y fue gracias a ella que en noviembre rompí un récord mientras hacía un concierto gratuito al aire libre en la Avenida 9 de Julio de Buenos Aires. (Si nunca has estado en Buenos Aires, es como presentarse en medio de Times Square en Nueva York o de los Champs-Élysées en París). Esperábamos una multitud, pero nada como la que llegó aquel día: se congregaron cerca de 250.000 personas y pasamos un rato increíble en el que me volví uno con el público. Obtuvimos las tomas que necesitábamos y ese día quedó debidamente inmortalizado en uno de los videos de la canción "María". El público porteño se portó de maravilla, y siempre guardaré el recuerdo de ese día como algo muy especial. La acogida que recibí no sólo me hizo sentir realizado con el trabajo hecho sino que fue un presagio claro de lo que estaba por venir.

Todavía faltaba un tiempo para la llegada del llamado "boom latino", pero ese mismo mes el periódico *El Clarín* de Argentina se adelantó a los hechos y publicó un reportaje sobre la fiebre latina que, según ellos, empezaba a apoderarse de los Estados Unidos. En el artículo aparecí como uno de los cantantes que estaban difundiendo los ritmos latinos a un público que no entendía ni papa de español. El artículo fue profético, pues tan sólo un par de años más tarde, el "boom latino" ya estaba en pleno furor, retumbando a lo largo y ancho del planeta.

Para ese entonces, y en gran parte gracias al fenomenal concierto que hicimos en Buenos Aires, yo sentía que ya tenía el apoyo total del público latinoamericano. Muchos fanáticos me conocían de mis tiempos en Menudo y habían crecido conmigo. Otros eran admiradores nuevos que sólo me conocían de mis épocas como solista. El apoyo del público latinoamericano siempre ha sido para mí una fuente de inspiración y de mucho orgullo, pero en ese momento, con todo lo que estaba sucediendo a mi alrededor, yo sentía que algo inmenso estaba a punto de estallar. Quería expandir mis horizontes y llegar a otras personas en todo el mundo, incluyendo los Estados Unidos y Europa. Y mientras más quería, más oportunidades se me presentaban.

Mi carrera estaba en ascenso, y yo no iba a permitir que nada me detuviera —ni siquiera un accidente automovilístico en las montañas de Italia.

En 1997 tuve el honor de ser invitado al prestigioso festival de la música de San Remo. Aterrizamos en Milano e íbamos a volar en helicóptero desde allí hasta San Remo, pero cuando llegamos a las montañas el cielo se cerró y el piloto nos dijo:

—No vamos a llegar. Voy a aterrizar el helicóptero para que ustedes continúen en carro.

No teníamos mucho tiempo, y lo último que queríamos

era ser irrespetuosos y llegar tarde. Así que apenas aterrizamos, agarramos camino a toda velocidad con la intención de llegar a tiempo para la alfombra roja. La verdad es que íbamos demasiado rápido, como a unos 200 kilómetros por hora, y las llantas chillaban con cada curva. De repente, llegamos a una curva en la que el carro simplemente no dio más, ¡y se volcó! Pero tal y como dije, no iba a permitir que nada me detuviera. Al ver que ninguno de nosotros tenía más que unos cuantos golpes y rasguños, agarramos todo el equipaje y buscamos un taxi. Finalmente llegamos a la alfombra roja del festival un poco estropeados, pero a tiempo. "¿Todo bien?", nos preguntaban. "¡Sí, sí, sí!", respondimos, "Perfectos". Mi representante luego le dijo a la prensa que el carro se había resbalado y que perdimos el control bajo la lluvia —la verdad es que había sido un poco más grave. ¡Pero no íbamos a dejar que un pequeño accidente pusiera en jaque nuestra presencia en aquel importante festival europeo!

Mientras "María" seguía de número uno en muchos países, muchas personas se pusieron a preguntar y a averiguar ¿quién era esta María de la que hablaba la canción? Querían saber si era alguien que yo conocía o alguien que quería conocer. Cada cual tenía su teoría, ¡y la verdad es que era muy divertido escucharlas! Charly García, por ejemplo, dijo en una entrevista: "Yo creo que Ricky Martin le está haciendo un elogio a la droga". Es que la canción dice: "Así es María, blanca como el día... y si te la bebes, seguro que te va a matar". Y para Charly García, esa frase se refería a la cocaína. *Wow*. Para mí el hecho que el Señor Charly García hablara de una de mis canciones en una entrevista era más que un honor. Que en aquel momento el Maestro del Rock en Español se fijara en mi música era señal de que algo estaba haciendo bien. Algo le debió haber llamado la atención cuando escuchó la canción y intento buscar el sentido textual.

Sobra decir que la teoría de Charly no era realidad. Canté y bailé y volví a cantar la canción en mil conciertos, y hasta que a Charly se le ocurrió relacionarla con las drogas, ¡a mí nunca ni se me habría ocurrido! Su interpretación me cambió por completo la visión que tenía de mi canción. Y es que eso es lo que pasa cuando interpretas una canción: se vuelve propiedad de todo el mundo y cada cual la interpreta y la vive a su manera. Luego me reía porque la verdad es que si te metes por el canal de la cocaína hay mucha tela para cortar...

Ya sea que bailaron porque creían que era un elogio a las drogas o porque pensaban que conocían a la María de la que se trataba, lo cierto es que todo el que escuchaba la canción, la bailaba. ¡Y eso era mucha gente! Ese verano lancé una gira de conciertos en España, un recorrido de cuarenta y cinco conciertos en treinta y seis ciudades. En diciembre di cuatro conciertos en Francia y Suiza, comenzando por París. "María" ya era una de las diez canciones más escuchadas ahí y en Italia. Además, recibió Discos de Oro en Suiza, Suecia, Inglaterra, Bélgica y Grecia. La canción se desplegó por todo el continente, y yo seguí detrás. En total el disco vendió más de 7 millones de copias, una cifra alucinante cuando se compara con mis ventas anteriores. Más adelante vinieron muchos más países, y fue "María" la que a cada paso del camino me fue abriendo las puertas.

Mientras "María" se tomaba el mundo en 1997, yo regresé al estudio a grabar mi siguiente disco. Como todo en la vida, la música tiene su trayectoria y todo tiene su momento. Quería sacar otro álbum antes de que se agotara el entusiasmo con que el público había recibido *A medio vivir*, pero no quería desaparecerme por completo mientras lo hacía. Así que seguí haciendo los conciertos y las promociones en nuevos mercados, mientras grababa mi siguiente disco, *Vuelve*. Fue un trabajo brutal e increíblemente intenso. Cuando estás grabando un disco, necesitas algo de espacio para concentrarte, pensar y conectar con tu ser creativo. Sin embargo, cuando estás de gira, lo que se necesita de ti es que te entregues por completo y lo des todo. La permanente contradicción entre estos dos estados mentales fue, para mí, algo completamente agotador.

Tampoco pude descansar mucho porque por esa época se abrió otra puerta. Cuando ya estábamos terminando de grabar *Vuelve*, me contactó la gente de la FIFA: querían saber si yo estaría interesado en crear y cantar una canción para la Copa Mundial de Fútbol de 1998, que se llevaría a cabo en Francia. Debo admitir que el reto me puso un poco nervioso, pero lo que significaba para mi carrera era incalculable, así que decidí aceptarlo. Una vez más la vida me ofrecía una oportunidad y yo corrí a su encuentro.

De inmediato me puse manos a la obra. K. C. Porter y Robi Rosa —quienes ya habían trabajado conmigo en *A medio vivir*— estaban trabajando conmigo en la preparación de *Vuelve*. Pero para el proyecto de la canción para el mundial se unió también Desmond Child. A partir de ese momento, comenzamos a ver el disco como parte de una estrategia global para promocionar música con influencia

latina en todo el mundo, entonces seleccionamos y prepa-
ramos las canciones con el propósito de poner el globo
entero a bailar y a cantar en español. Era una oportunidad
única para iniciar al mundo en los encantos de la música
latina.

Y así fue que nos embarcamos en esa aventura. El sencillo que nació de aquel esfuerzo fue "La Copa de la
Vida", que se escribió precisamente para ser el himno de
la Copa Mundial de Fútbol de 1998. Fue un éxito rotundo
que llegó a ser el número uno en las listas de éxitos en
más de sesenta países. Otra indicación de lo que estaba
por venir.

Vuelve se lanzó en febrero de 1998 y en abril empecé
una gira de conciertos por toda Asia que comenzó en
Tokio. Más de un año después, cuando ya se había termi-
nado la gira, un periodista de *Rolling Stone*, una de las
revistas musicales más importantes en los Estados Unidos,
me preguntó: "¿Por qué escogiste ese camino? ¿Por qué
Europa y Asia antes de los Estados Unidos?".

La respuesta era fácil: porque ese era el camino que la
vida me había ofrecido. Yo lo único que hice fue seguirlo.

Ese 12 de julio de 1998 fue una de las noches más importantes de mi carrera y a cada instante yo tuve plena consciencia de lo mucho que estaba en juego. Era la final de la
Copa Mundial de Fútbol. No sólo había más de dos mil
millones de personas viéndome cantar "La Copa de la
Vida" por televisión en todos los rincones del mundo, sino
que aquella noche en el famoso Stade de France se encontraban algunos de los artistas más reconocidos del mundo
del entretenimiento, entre ellos Dustin Hoffman, Arnold
Schwarzenegger, Michael Douglas, Luciano Pavarotti, José

Carreras y Plácido Domingo. Mi presentación estaba programada como el último segmento antes que comenzara el juego y sólo duraría cuatro minutos. Eso quería decir que yo tendría tan sólo cuatro minutos para convertir a un cuarto de la población en mis fanáticos, o posiblemente perderlos para siempre.

Antes de comenzar la presentación estaba muy nervioso. Aunque para ese momento de mi carrera ya había hecho presentaciones ante miles de personas en estadios y teatros de todo el mundo, esta era la primera vez que hacía algo tan grande. Y por más experiencia que tengas, un escenario como el Stade de France en la noche de la final de la Copa Mundial de Fútbol es intimidante. ¡Era casi inimaginable!

Además, lo que nadie sabía en ese momento —excepto los oficiales de la FIFA y un grupo de mis más allegados colaboradores— era que mi presentación durante la ceremonia casi no se dio. En algún momento la FIFA me había dicho que existía la posibilidad de presentarme durante la final, pero antes de que me lo confirmaran, yo se lo dije a los medios, *muy mal*. Se supone que quien debía hacerlo público era la FIFA y la FIFA se enojó conmigo. Mucho. En lugar de confirmar o desmentir mis afirmaciones, su castigo fue dejarme con la palabra en la boca. Guardaron silencio hasta cinco días antes del juego, y no me dijeron palabra alguna, ni a mí ni a nadie. Yo, por supuesto, me estaba muriendo. Quería tanto presentarme, ¡y no quería que una tonta declaración a los medios me arruinara la oportunidad! Al fin me dieron la luz verde, pero lo hicieron con una condición: me dijeron que para la presentación no tendría ni escenario, ni bailarines, ni luces, ni efectos especiales. No tendría casi ninguno de los elementos que se tienen normalmente para un concierto de ese calibre.

Pero yo estaba tan feliz de que me hubieran confirmado que claro, no me importaba nada más. Lo que más me importaba era hacer la presentación, ya encontraría la manera de convertirla en algo espectacular.

Y así fue. En el último momento se me ocurrió agarrar a una veintena de músicos y vestirlos de camiseta blanca y pantalón negro para que todo el mundo los pudiera ver. Entramos todos caminando por el campo de juego, ellos tocando sus instrumentos de percusión, y agarré el micrófono y le grité al público: "¡Vamos todos a hacer bulla!".

Al llegar al centro del campo todo nerviosismo se esfumó y la magia del espectáculo se apoderó de mí. Fueron cuatro minutos de pura euforia. El estadio estaba lleno de gente de todas partes del mundo cantando y bailando. Al escuchar cómo aplaudían y gritaban sentí que me invadía un poderoso sentimiento de alegría y fuerza. Esa presentación la viví como un momento único... un regalo que me mandó la vida. Otro de esos momentos que jamás olvidaré. Todo, absolutamente todo, estaba donde debía estar, y la adrenalina de ese gentío me hizo comprender la razón de ser de todos mis esfuerzos y mis sacrificios. Habíamos trabajado como unos desesperados para llegar a ese instante, y la victoria estaba a nuestro alcance. Me rompí los nudillos tumbando paredes y más paredes para incorporarme en Menudo, para convertirme en solista y para ganarme el apoyo del público latinoamericano, asiático y europeo. Y esos aplausos, esos gritos, eran el reconocimiento de todo ese trabajo arduo.

Pero no había tiempo de dormirme en los laureles. Todo

el reconocimiento recibido en Francia había sido extraordinario pero había que seguir adelante. Uno no se puede parar y aceptar la gloria como un hecho. Cuando la vida te presenta con una oportunidad, hay que dar el todo y un poco más. Hay que pelear y luchar para forjarse su propio camino. Que es exactamente lo que continué haciendo.

CROSSOVER

DESPUÉS DE CONQUISTAR Asia, Europa y Latinoamérica, fijé mi vista en los Estados Unidos y mi llamado *crossover* —mi transición al inglés. Y para no perder el impulso que llevábamos, decidimos que mientras hacía la promoción de *Vuelve* con una gira de cuarenta y cuatro conciertos, volvería al estudio para preparar mi primer álbum en inglés. No me importaba que estuviera agotado o que a veces sintiera como que se me estaban acabando las fuerzas. Mi meta era alcanzar *todo* lo que me proponía, y si eso significaba que tenía que entrgardme por completo, pues así sería. Esos meses en los que hice la promoción de *Vuelve* mientras grababa el nuevo disco en el estudio fueron de una intensidad impresionante. Claro, ya había hecho algo similar cuando grabé *Ricky Martin* mientras filmaba *Alcanzar una estrella* y cuando grabé *Vuelve* mientras hacía la promoción de *A medio vivir*... pero esta vez la diferencia era que el disco que estaba promocionando requería mucho más de mí. Con el éxito de "La Copa de la Vida" los pedidos para entrevistas y firmas eran muchos más y lo enfrentaba todo con buena cara, buen ánimo y mucha energía. A todo, absolutamente todo, le decía que sí. ¿Necesitaban una sesión fotográfica para una revista? ¡Sí! ¿Querían que firmara una pila inmensa de CDs? ¡Por supuesto! ¿Que alguien quería una entrevista? ¡Claro que sí!

Decía que sí a todo porque quería que el mundo entero —y más que nada Estados Unidos— se fijara en mí para preparar mi salto al inglés. Ese salto al mercado americano era tan crucial para mí que estaba dispuesto a hacer todo lo necesario para alcanzarlo. Pero a pesar de todo el entusiasmo con el que perseguía mi nueva meta, ya podía ver el peligro que se escondía detrás. Con el éxito de "María" y "La Copa de la Vida", ya había visto un atisbo de lo que era la fama como solista y no todo lo que vi me gustó. Recuerdo que hasta lo mencioné en una entrevista que hice en esos días con *El Nuevo Herald*: "Cada día que pasa", dije, "más miedo le tengo a la fama". Era algo irónico, expliqué, mientras más la conocía, más le temía. Y mientras más le temía, más me atraía.

En el fondo de mi alma yo sabía que necesitaba tomar un poco de distancia para descansar y pensar en todo lo que me estaba sucediendo, pero nunca parecía ser un buen momento. De hecho en un momento dado quise tomarme un sabático. Ya tenía todo organizado para desconectarme un tiempo e irme a viajar, pero justo en ese momento, mientras estábamos en Singapur durante una de las paradas de la gira, me llamó mi representante para avisarme que *Vuelve* había sido nominado para un premio Grammy. Y eso no era todo: los organizadores querían que yo me presentara en vivo la noche de la premiación. Así que por más descanso que necesitara, ¿cómo iba a decir que no? Era imposible. La oportunidad de cantar en los Grammy es una oportunidad única que muchos músicos no reciben en toda una carrera y en ese momento yo simplemente no podía decir: "Discúlpenme muchachos, muchas gracias por todo, pero me voy a tomar un descanso". Es posible que en ese momento esa hubiera sido la decisión acertada desde un punto de vista personal y emocional, pero no era la decisión acertada para mi carrera. Había tanta gente que apostaba por mí, tanta gente —incluyéndome a mí mismo— que había trabajado incansablemente para que ese sueño mío se hiciera realidad, que yo simplemente no podía decir que no.

Si la Copa Mundial había sido mi plataforma para conquistar al resto del mundo, la presentación en los Grammy sería lo que me pondría delante el mercado estadounidense de habla inglesa. En ese momento no me importaba que el show se fuera a transmitir ante una audiencia de mil millones de personas en 187 países; lo que me importaba era llegarle a todas las personas *dentro* de los Estados Unidos que no sabían quién era Ricky Martin. Así como con la Copa Mundial, esta era mi oportunidad para brillar y tenía unos cuantos minutos para ser más que impresionante; ¡tenía que ser electrizante!

Siempre he pensado que el estar un poco nervioso antes de una presentación es totalmente normal. Es más, creo que es sano porque si no estuviera nervioso, querría decir que lo que estoy a punto de hacer ya no es un reto para mí. ¿Y qué interés tiene la vida si no nos estamos retando constantemente y poniéndonos en situaciones incómodas? Pero en el caso de los Grammy, a medida que se acercaba la noche del 24 de febrero de 1999, me di cuenta que me sentía preocupado, estresado, con una inquietud cada vez más grande. Dudaba de si sería capaz de impresionar al público, si les gustaría mi música... hasta que al fin tuve que cortar con los sentimientos contradictorios que me asediaban y decirme a mí mismo: "¡Espérate! Llevas quince años haciendo esto. Haz lo que sabes hacer —y ¡hazlo bien!". Me acordé de eso y así encontré las fuerzas que necesitaba para cantar y bailar con la confianza de siempre.

La presentación salió bien. *Muy* bien. Lo que sucedió aquella noche jamás había ocurrido en la historia de los Grammy. Para la ocasión yo había decidido cantar una versión ligeramente modificada de "La Copa de la Vida", a la que le había incorporado unas partes en inglés. Y esta vez —a diferencia de en el mundial— teníamos un escenario precioso con todas las de la ley: músicos, bailarines, luces y efectos especiales. Desde todo punto de vista fue un show espectacular al que le metí toda la energía, todo el carisma y todo el movimiento que tenía para dar... ¡y un poco más! Organizamos para que entraran unos músicos por entre las filas del auditorio y eso hizo que el público se contagiara de la música y comenzara a aplaudir y bailar en sus sillas. Ya para cuando llegamos a la última nota del número, ese público —compueste por músicos profesionales, compositores, cantantes, artistas y ejecutivos acostumbrados ha asistir a miles y miles de presentaciones como esta— se puso de pie para aplaudir y vitorear como yo nunca antes había visto. Me conmovió ver aquella recepción pues fue como recibir una bendición por parte de un público que respeto inmensamente. Y ese es otro momento que atesoraré toda mi vida.

Cuando al fin se apagaron los aplausos y las cámaras regresaron a la maestra de ceremonias del programa —la presentadora y comediante Rosie O'Donnell—, esta se quedó callada un instante y luego dijo con la voz entrecortada:

—¡Y quién es ese bombón?

Tan sólo unos minutos más tarde volví al escenario para recibir el Grammy por la mejor interpretación de música pop latina, por *Vuelve*. Lo primero que hice fue reírme, probablemente porque yo también estaba sorprendido (por la reacción del público a mi presentación), y entonces dije: "¡Gané un Grammy!". De nuevo el público vitoreó como loco y yo me sentí entre dichoso y estupefacto. "¿Quién es este chico?", se preguntaban. La gran mayoría del público me acababa de ver por primera vez, ¡y ahora estaba en el escenario, ganándome el premio más prestigioso de la industria musical!

Aunque los premios no lo son todo, el hecho de poder pararse frente a todo el mundo con un trofeo en las manos y tener la oportunidad para agradecerle a las personas que más te importan por su duro trabajo y dedicación es algo muy emocionante. Se necesita mucha gente para que un disco se haga realidad y el hecho de poder agradecerles públicamente es siempre una bellísima manera de darles el reconocimiento que merecen.

Y como si eso no fuese suficiente, después del show, mientras respondía a las preguntas de los periodistas, Madonna vino y se puso detrás de mí. Me tapó los ojos con las manos y me dio un beso: "Yo sólo vine a felicitarte", me dijo. Y desapareció tan rápido como vino. Fue muy fuerte... *¡Wow!* ¡Madonna! Eso nunca me lo habría podido imaginar.

Pero una vez más, no había tiempo para descansar o siquiera celebrar. En lugar de darme un rato para absorber "mi momento de gloria", esa noche me subí a un avión rumbo a Italia para cumplir con un compromiso que tenía al día siguiente. Este es realmente el ejemplo perfecto de lo caótica que era mi vida en aquella época.

LA AVALANCHA

HABÍA TRABAJADO 15 años para ganarme esos cuatro minutos en el escenario de los Grammys, y eso me había permitido lograr mi propósito: sacudir el mundo de la música en los Estados Unidos y abrir las mentes de los angloparlantes a los ritmos latinos. Por aquella época el *New York Times* afirmó que yo le había prendido fuego a la música pop y que mi presentación en el programa me había establecido como "el símbolo del nuevo estatus que tiene la cultura latina dentro de la sociedad norteamericana en los Estados Unidos". Es que por esa época la comunidad latina en los Estados Unidos estaba creciendo a una velocidad impresionante, y mi éxito musical en cierta forma estaba reflejando —y alimentándose de— ese cambio. La cultura latina estaba comenzando a seducir a los Estados Unidos y a modificar los gustos musicales de sus habitantes.

Tan sólo unos meses después de la ceremonia de los Grammy salió mi primer álbum en inglés titulado *Ricky Martin*, igual que mi primer álbum como solista en español. Debutó como número uno en las listas de los discos más vendidos vendiendo más de 660.000 copias, tan sólo en los Estados Unidos, en la primera semana. Fue el disco más vendido esa semana y tuvo las mejores ventas en una sola semana de todo el año. El disco tuvo un éxito que yo jamás hubiera imaginado. Por más que me hubiera estado preparando toda mi vida para ese momento, cuando por fin llegó, me tomó por sorpresa. Desde el punto de vista profesional, estaba completamente listo para alcanzar esa cima e ir más allá, pero a un nivel más personal me sacudió de manera muy intensa. Fue todo tan rápido que casi ni sabía adónde mirar. La vida se me vino encima como una avalancha.

Primero fueron los Premios Grammy, con esa presentación espectacular y mi primer Grammy. Luego salió mi primer álbum en inglés y casi de inmediato la canción "Livin' La Vida Loca" debutó como número uno en las listas de las canciones más exitosas en veinte países. Ese año la canción fue número uno en las listas de ventas nacionales de la revista *Billboard*, número uno en las listas de radiodifusión nacionales, número uno en las listas de radiodifusión latinas, número uno en las listas de ventas latinas, número uno en las listas bailables, y en muchas más. Luego empezó la gira promocional con una fuerza impresionante: fue un torbellino de firmas de discos, entrevistas con los medios, sesiones fotográficas... ¡una explosión! Y finalmente llegó la hora de comenzar la gira de conciertos; la recepción fue algo fuera de serie. Las entradas para veinticinco conciertos salieron a la venta el mismo día y todas se vendieron en tan sólo ocho minutos (tan rápido como lo permitía el sistema). Como resultado, tuvimos que programar más conciertos en más localidades, y la gira pasó de ser algo grande a algo masivo. Se dice que en total 4 millones de personas me vieron en vivo durante aquel tour. En total el disco vendió cerca de 17 millones de copias a nivel mundial. En los Estados Unidos recibió siete Discos de Platino y un total de treinta y dos Discos de Platino a nivel mundial.

Y la avalancha continuó. No importaba si yo estaba cansado o si tenía hambre o si simplemente quería dormir una siesta. Si yo decía, "Necesito un descanso", mi representante me decía, "Sólo una cosita más. Una, nada más...", y no era por mala persona, ¡el problema es que siempre había una cosita más! Porque como con todo en la vida, siempre se podía hacer más. Y como cualquier esfuerzo que hiciéramos daba un resultado tan inmenso, siempre queríamos hacer más. Me decían por ejemplo, "Ricky, llamó Pavarotti. Quiere hacer un dueto contigo". ¿Y quién puede decirle no a un dueto con Pavarotti? Entonces la respuesta era sí. ¡Era un honor! Siempre aceptaba. Pero al rato me llamaban otra vez y me decían: "Ricky, llamó Giorgio Armani, que quiere cenar contigo". Era imposible decir que no. Sin embargo, yo siempre decía, "Está bien, esta vez lo hago, pero por favor no me traigan más propuestas". Mi representante siempre me prometía que no lo volvería a hacer, pero al rato volvía y me decía, "¡Ay!, Ricky, discúlpame. Yo sé que te dije que no te iba a traer más nada, pero es que llamó Sting y quiere que cantes en un concierto de beneficencia que está organizando..." ¿Qué podía decir yo? ¿Quién, en su sano juicio, puede rechazar semejantes propuestas?

En medio de toda esa locura, "Livin' La Vida Loca" resultó ser todo lo que quería Sony y hasta un poco más. En ese momento la disquera estaba teniendo dificultades económicas y necesitaban anotarse algo más que una carrera —necesitaban un jonrón con bases llenas. Con el empujón que le dieron a "Livin' La Vida Loca" esperaban algo explosivo, y el resultado fue algo nuclear. Viendo su salvación, quisieron llevarlo al máximo, entonces crearon una estrategia de promoción global agresiva y extensa. El único problema era que el que tenía que llevarla a cabo era yo. Y aunque era algo agotador, puedo decir que nunca me quejé. Me entregué de lleno a la tarea y lo viví como un sueño.

Muchas veces la gente me pregunta por qué creo que tuvo tanto éxito "Livin' La Vida Loca". Aunque por un lado siento que el mundo en ese momento estaba listo para escuchar algo nuevo, más que nada creo que desde el punto de vista mío, todas las fichas estaban en su lugar. En aquella época tenía un gran representante, una gran compañía disquera y un gran equipo de producción, y todos estábamos en la misma frecuencia y teníamos el mismo mantra de ganar e ir más allá. Aparte de eso, tenía bajo el brazo un gran álbum; lo escucho hoy y me doy cuenta que es verdaderamente una gran producción, y al fin y al cabo eso es lo más importante: *la música*. La música puede cruzar fronteras y romper barreras entre las personas y las culturas. En este caso, habló por sí misma.

Yo diría que hasta en el proceso mismo de grabación de la canción se hizo magia. Para "Livin' La Vida Loca" tuve la suerte de trabajar con Draco Rosa y con Desmond Child. Aunque yo había hecho muchos discos, rápidamente me di cuenta que trabajar con Desmond es trabajar a otro nivel. Desmond es un gigante de la música: ha vendido 300 millones de copias, ha trabajado con Aerosmith, Bon Jovi, Cher, con todos los grandes. A la hora de grabar, Desmond tiene una dinámica y un enfoque muy particular: transforma el proceso de grabación en algo estructurado y sistemático, lo cual nos daba mucha calma porque no nos agotaba tanto y dejaba fluir el proceso creativo. Empezábamos el día haciendo calentamiento de voz, luego comíamos algo, luego grabábamos algo, luego salíamos y dábamos una vuelta, luego volvíamos a tomar un café. Todos los días sabía qué esperar y eso a mí me ayudaba mucho porque podía enfocar todas mis emociones en los momentos de creación más que en la incertidumbre de lo que va a pasar mañana o pasado. También era la primera vez que Robi Draco Rosa trabajaba con Desmond, y algo hubo en la colaboración entre nosotros tres —el cosmos, el momento, los riesgos que se tomaron— que hizo que el resultado fuera extraordinario. Y hasta el día de hoy "Livin' La Vida Loca" es una de las canciones de las que estoy más orgulloso.

Cuando pienso en los meses que siguieron al lanzamiento del álbum, lo que recuerdo es trabajo, trabajo, trabajo. La ola que había comenzado a crecer con "María" y "La Copa de la Vida" se terminó convirtiendo en algo gigantesco. Tuve que sacar fuerzas de donde no tenía para hacer videos, lanzar una gira promocional, montar un espectáculo y dedicarme día y noche a la promoción. Pasamos tres meses haciendo conciertos y eventos en Japón, Tailandia, Australia, Francia, Inglaterra, España, Puerto Rico, Estados Unidos, Canadá y, por supuesto, México. Como mis fanáticos se encontraban en todas las esquinas del planeta, finalmente expandimos la gira de conciertos para darle la vuelta al mundo. Tomó más de un año, con doscientos cincuenta conciertos en ochenta ciudades y treinta y cinco países.

Ese año "Livin' La Vida Loca" fue nominada en cuatro categorías de los Premios Grammy, poniéndome al frente del fenómeno bautizado como "el boom latino". Ya no sólo se trataba del ascenso de mi propia carrera; se trataba de la explosión inusitada de la música latina en el escenario mundial. Mi vida jamás volvería a ser como antes.

LA CARA DEL "BOOM LATINO"

FUE COMO SI de la noche a la mañana todo Estados Unidos se hubiera despertado y escuchado el nombre de Ricky Martin por primera vez, lo cual era un poco extraño, sobre todo si se tiene en cuenta que *Vuelve* ya había ganado un Disco de Platino en los Estados Unidos por alcanzar ventas de más de un millón copias, superando los esfuerzos de algunos de los más reconocidos nombres del rock en inglés. Pero esa es la prueba de que en aquella época los estadounidenses angloparlantes no tenían ni idea de lo que sucedía en el mundo de la música en español.

A sólo dos semanas de que se lanzara el disco, aparecí en la portada de la revista *Time*, con el título, "Latin Goes POP" (El pop latino explota) y, según ese artículo, yo estaba al frente de una nueva generación de artistas latinos que expresaban su cultura en inglés. El reportaje señalaba —con razón— que gran parte de nuestro éxito tenía que ver con la oportunidad del momento. Es decir, la comunidad latina crecía a pasos agigantados dentro de los Estados Unidos y, de la misma manera, la radio, la televisión y hasta los periódicos en español. La cultura latina comenzó a penetrar la cultura estadounidense a todo nivel y la textura misma de la sociedad americana comenzó a cambiar. Reconocí en esos detalles la dicha de mi vida: si hubiese nacido en otro tiempo, tan sólo diez años antes o diez años después, es muy posible que no hubiese tenido el mismo éxito y mi vida habría sido completamente diferente. Pero mi vida siempre ha sido así —las cosas siempre me llegan en el momento preciso en que deben llegar, incluyendo, al parecer, el momento en que nací.

Un mes más tarde aparecí en la portada de *People*, la revista de farándula más grande y poderosa en los Estados Unidos, con un artículo que hablaba de mi "fama instantánea". Claro, a los ojos de los medios americanos yo era un desconocido que acababa de aterrizar en el escenario musical estadounidense. Lo que desconocían era que yo ya llevaba quince años de carrera y que el reconocimiento mundial que había logrado —la fama de la que tanto se hablaba, esa cima un poco desequilibrante en que me encontraba— era resultado de una estrategia calculada. La promoción del álbum fue fríamente planeada por la disquera para darle el mayor empujón a lo que era para ellos un producto: "Ricky Martin". Como dijo Desmond Child: "Ricky es un príncipe que ha sido preparado para ser rey".

A mí nunca me ha molestado que mi carrera haya sido planeada con una estrategia muy precisa en mente. Lo que sí me molestó en aquel momento fue encontrar que los medios me habían designado como el representante de todos los latinos habidos y por haber. Yo me siento muy orgulloso de ser latino, pero eso no quiere decir que todos los latinos sean como yo, ni tampoco que se identifiquen con mi música o mi estética. Así que desde el primer momento en que mi fama comenzó a crecer, me sentí con la responsabilidad de romper con esos estereotipos y explicarle al mundo que, aunque venimos del mismo continente, no todos los latinos somos iguales.

Hay mucha ignorancia acerca de la cultura latinoamericana. Conocí a individuos que cuando les decía que soy de Puerto Rico, me decían: "¡Ah! Como no, Costa Rica". O que me miraban, y cuando le decía que era latino, pensaban que en realidad era italiano. Cuando mi música comenzó a pegar en Europa, di muchas entrevistas en las que hablaba de mi cultura y de cómo se refleja en mi música. Y aproveché también para hablar de las diferencias. Por ejemplo, en algunas partes del mundo la gente se sorprendía al verme llegar sin sombrero de mariachi. Pensaban que todo, desde México hasta la Patagonia, es lo mismo y que todos comíamos tacos y cantábamos rancheras. Entonces, con mucha paciencia, yo me esforzaba en explicarles que Latinoamérica es multifacética y que en una misma isla puedes encontrar diversas culturas, acentos, estilos musicales y ritmos. Yo no puedo decir que mi música es 100 por ciento latina porque sería un insulto a todos los demás músicos latinos que hay en el mundo. En Latinoamérica hay salsa, merengue, tango, rock, vallenato, cumbia, son y muchos más tipos de música que se han ido desarrollando a lo largo y ancho de todo el continente, y mi música es una mezcla, una fusión de varios estilos, ya que yo no soy un artista que sigue estrictamente un género u otro. Mi música tiene, por supuesto, influencias latinas, pero también tiene influencias anglosajonas y de "europop". Así que decir que soy Ricky, un cantante latino, está bien. Pero no es acertado ponerle esa etiqueta a mi música o imaginarse que todos los latinos son, o suenan, como yo.

Cuando mi música comenzó a escucharse en los Estados Unidos, sucedió lo mismo. Gracias a todas mis giras y las promociones, en el resto del mundo yo ya era conocido como un artista internacional proveniente de Puerto Rico. Antes de llegar a los Estados Unidos había hecho una gira de sesenta conciertos en Nueva Delhi, Bangkok, Seoul, Taipei, Singapore, Malasia y Australia. Di conciertos por toda Europa y en todos lados se me consideraba como "el artista internacional". Pero al llegar a los Estados Unidos me convertí en "el fenómeno latino". Yo siempre me esforzaba por explicar que aunque soy latino —y a mucho honor— no puedo aceptar ser considerado como un representante de todos los hispanos, pues yo soy mi propia versión. Lo que la gente no siempre entiende es que aunque soy latino, tengo sangre francesa, española, indígena, africana... soy en realidad un mestizo, tal como lo somos casi todos los habitantes del continente americano. El hecho es que a mí se me considera hispano por una casualidad de la ascendencia. Una rama de mi familia llegó de Europa y aterrizó en la parte noroeste de los Estados Unidos, y hoy en día a ellos se les considera caucásicos. Pero otra rama de la familia llegó a mi isla, Puerto Rico, y por eso se me considera "el fenómeno latino".

De hecho muchos anglosajones, tal vez la mayoría, saben muy poco acerca de la cultura latina y a menudo su conocimiento se basa en cantidades de prejuicios y preconceptos completamente errados. Así que aunque mi primera impresión de la portada de la revista *Time* fue buena, después de un rato eso de "Latin Goes POP" me dejó de gustar. Por eso hasta el día de hoy me he esforzado siempre por proyectar una imagen positiva de la cultura latina y mostrarle al mundo que somos más que una simple etiqueta.

HECHO PEDAZOS

A TODAS ESTAS, mi estrella seguía en ascenso. Decenas de miles de personas aparecieron cuando di un concierto al aire libre en el Rockefeller Center en Nueva York como parte del programa matutino *Today* de la cadena de televisión NBC. Llegaron tantas personas que se atrancaron las calles en el centro de Manhattan. Y las portadas, y la atención, seguían sin cesar. Un poco más tarde, salí en la portada de la revista *Rolling Stone* nadando en una piscina rodeado por mujeres desnudas; el sueño de todos los músicos del rock y pop —era como ponerle el cuño a mi éxito.

Ese mismo año, "Livin' La Vida Loca" también recibió seis nominaciones en los MTV Video Music Awards (Premios de videos musicales de MTV) y, además, fue nominada para tres premios internacionales en el mismo evento. En total gané cinco de los premios a los cuales había sido nominado, y una vez más el público se puso de pie cuando canté la canción en vivo en el show.

Desde el punto de vista profesional, fue uno de los mejores años de mi vida. Y para concluirlo, el día de mi cumpleaños la revista *Entertainment Weekly* me nombró el artista del año. Había llegado a unas alturas tan extraordinarias que no podía imaginarme cómo superarlas. Tal como lo puse en una entrevista de aquella época, ¿qué podía hacer después de eso? ¿Escalar el Everest?

Pues no tuve mucho tiempo para sentarme a ponderar la cuestión porque la compañía disquera rápidamente me informó que quería otro álbum, lo más pronto posible. Hoy en día pienso que les debí haber dicho que no. *¡Definitivamente no!* Era demasiado pronto y yo no estaba listo para volver a meterme de lleno en el intenso trabajo de creatividad que exige la grabación de un nuevo álbum. Pero estaba tan ocupado trabajando y esforzándome por hacer todo lo que tenía que hacer para mantener las ruedas andando que quizás no tuve el tiempo o la distancia para realmente evaluar lo que se me estaba pidiendo. La disquera me dijo que necesitaba un nuevo disco e hice lo que había que hacer.

Fue una de las peores decisiones de mi vida. Fue una absoluta locura, un grave error. Pero lo hice. Hay quienes dicen que debo culpar a mis asesores o a la compañía disquera por haberme presionado, pero la verdad es que la culpa fue toda mía. Ya no eran las épocas de Menudo en las que era un chico adolescente al que le decían siempre qué hacer. Ya era mayor de edad y llevaba muchos años trabajando en esta industria como para dejarme convencer de hacer algo que no quería hacer. En la vida sólo se aprende si se cometen errores y ese es un error del que aprendí mucho.

Así que comenzamos a preparar el siguiente disco en inglés, titulado *Sound Loaded*. Todas las semanas teníamos cuatro o cinco días seguidos de conciertos que eran parte de la gira "Livin' La Vida Loca" y después del último show, yo me montaba en un avión para regresar a Miami y encerrarme en un estudio. Grabábamos hasta altas horas de la madrugada, luego dormía un poco, me despertaba y volvía al aeropuerto a montarme en un avión para llegar a la próxima ciudad en la gira, a tiempo para hacer la prueba de sonido y luego el show. Muchos de mis amigos en la industria me decían que eso era una locura, que así no se hacía.

—Cuando estás grabando un disco —me decían—, te dedicas sólo a eso.

—¡Ja! —les respondía yo—. ¿Quién dice?

En cuanto se terminó la gira de conciertos, comenzó la gira de promoción para *Sound Loaded*. Un día típico comenzaba llegando en avión de Australia cuando apenas amanecía en California, en donde me tocaba grabar saludos para estaciones de radio en Orlando, Detroit, Miami y otras grandes ciudades. Luego tenía que dar una serie de entrevistas a la prensa, comenzando a las nueve de la mañana hora de California, antes de hacer una serie de sesiones fotográficas para las revistas. Era un ritmo endiablado que no paraba nunca. Todos los días comenzaban al amanecer y terminaban tarde en la noche. Casi nunca tenía una tarde o una mañana libre para dormir, descansar o simplemente tomármela con calma. Escasamente tenía tiempo para respirar.

De alguna manera me sentía como el rey del mundo y esa sensación, aunque venía con una cierta dosis de agotamiento, era también embriagadora. Me gustaba sentir el poder que tenía entre manos y, sobre todo, me gustaba el hecho de estar cosechando los frutos de todo el trabajo tan arduo de los últimos quince años. Pero también había momentos en los que sentía temor por lo que podía traer mi nuevo estilo de vida. A veces sentía que quería huir y regresar a mi islita a vivir en una casa en la playa con una hamaca frente al mar, y otras veces lo único que quería era irme de fiesta, alquilar toda una discoteca, invitar a los amigos a bailar y coquetear con los paparazzi. Todos los días oscilaba entre esos dos extremos: entre querer escapar de todo lo que sucedía a mi alrededor o querer lanzarme de lleno en ello. Cargaba en mi corazón con un montón de sensaciones y sentimientos muy confusos, y el problema era que en realidad no tenía el tiempo para descifrar cuáles eran reales y cuáles no. Por un lado me sentía estupendo y realizado, pero por otro lado sufría, y esa sensación de constante volatilidad me estaba volviendo loco. Creo que muy poca gente a mi alrededor lo notaba porque yo hacía hasta lo imposible para ocultarle al mundo lo que realmente estaba ocurriendo en mi interior.

Cuando la gente me preguntaba, "¿Ricky, cómo estás?", yo ni siquiera me tomaba el tiempo para pensarlo. Automáticamente respondía: "Estoy genial, muchas gracias". Pero la verdad era otra. Tenía dolores de estómago terribles, la cabeza me daba vueltas y sentía como si me apretaban el corazón. No sabía lo que estaba sintiendo porque no me tomaba el tiempo de explorarlo, pero lo que sí sabía era que estaba cargando con mucho, mucho dolor. Sin embargo, yo seguía diciendo que estaba todo bien.

Recuerdo que por esa época grabé un dueto con Madonna, titulado "Be Careful (Cuidado Con Mi Corazón)" y ella, al ver la intensidad con la que me perseguía la prensa y cómo me prestaba para la publicidad, me dijo: "Ricky, deja de hacer las entrevistas. Ya todo el mundo sabe quién eres". Y esa verdad me cayó como un rayo. Me tomó un tiempo procesarla —y sobre todo aplicarla— pero un día comprendí exactamente a lo que se refería. Yo llevaba tanto tiempo tan concentrado en hacer promoción, estar disponible, y siempre dar, dar, dar para alcanzar mi meta, que no me daba cuenta que de cierta forma ya la había alcanzado. Ahí comprendí que las reglas del juego estaban cambiando y que tenía que encontrar la manera de retomar el control de mi tiempo y mi vida. Pero eso no llegaría a suceder por un buen tiempo porque, como todo en la vida, aún no era mi momento. Antes de encontrar mi paz todavía me faltaba tocar fondo.

En aquel entonces mi regla cardinal era darlo todo y

siempre un poco más. Es que con cada poquito que daba el impacto era enorme, y eso me daba ganas de dar aún más. A veces digo que no era que estaba trabajando mucho, es que estaba dando demasiado. Es que la adulación del público es embriagante. Yo pensaba que estaba preparado para esa tensión —al fin y al cabo había crecido bajo los focos desde los doce años de edad— pero después me di cuenta que no. Había un punto en el que demasiado era demasiado y a pesar de tener las mejores intenciones, yo no podía con todo. Quería gritar: "¡Espera! Déjame procesar todo esto. No puedo con tanto. ¡Déjame parar un momento!".

Por mucho tiempo yo pensé que el éxito que alcanzamos con "María" y *Vuelve* sería el punto culminante de mi carrera. Pero no sabía que en comparación a lo que vendría con "Livin' La Vida Loca" eso había sido un juego de niños. Cuando la locura empezó a pegar y yo empecé a ver que las cosas se salían de mis manos, me dije, "Tómatelo como venga". Siempre digo que en mi vida las cosas llegan en el momento en que tienen que llegar, no antes o después, y las recibo con mucho amor. Pero en esta ocasión lo que vino fue abrumador. Hice lo posible por mantenerme andando a mil por hora para aprovechar la oportunidad tan única que se me estaba dando, pero era inevitable que al fin llegara el momento en que no pude más. Y así como en la vida es importante saber aceptar las cosas que nos envía el destino para hacerlas nuestras, también hay que saber cuando parar y alejarnos de lo que nos hace daño. Porque ese éxito que había alcanzado era algo grandioso que me alimentaba el alma de una manera única, pero también estaba dejando en su camino unas heridas invisibles que tardarían mucho tiempo en sanar.

La locura duró más o menos dos años, al cabo de los cuales quedé completamente vacío y sin ganas de nada. Comencé a hacer todo lo que tenía que hacer sin pensar, como en piloto automático. Lo único que me daba verdadero placer era estar en el escenario. Ese era el único lugar en el mundo en donde me sentía completamente libre. Ahí hago exactamente lo que quiero, como quiero, cuando quiero, y me alimento de toda esa energía que recibo del público. Ahí vuelvo a ser Kiki, el niño en casa de sus abuelos, divirtiéndome, bromeando, bailando y cantando. En el escenario me siento fuerte y libre para ser quien soy, como soy, sin miedos ni presiones. Pero luego, cuando acababa el espectáculo, regresaba a mi habitación a esconderme y desconectarme, para huir lo más lejos posible de todo. Todo me dolía y, aunque nadie más lo podía ver, por dentro estaba sufriendo. Mucha gente no puede imaginar cómo es posible estar rodeado de gente todo el tiempo pero sin embargo sentirse completamente solo. Tampoco imagina que estar todo el tiempo de viaje no es tan glamoroso como parece. Después de un rato, lo único que quieres es dormir en tu propia cama.

No quería seguir más, pero para cualquier cosa que me propusieran, yo siempre respondía, "Sí. Sí. ¡Vamos! Estoy listo". Por un lado sé que esa disposición era el resultado de mi "entrenamiento militar", pero por otro me doy cuenta que también era que yo estaba huyendo de los dolores que llevaba muy adentro. De estar siempre trabajando no tenía ni idea de lo que estaba sintiendo. Me concentraba en hacer lo que "tenía que hacer" y seguir adelante. Pero nunca, en ningún instante, me tomé un rato para detenerme a pensar en lo que estaba sintiendo yo. En el fondo creo que le temía a lo que pudiera encontrar.

Hoy en día es muy fácil ver adónde me llevaba ese camino. Me doy cuenta que con *Sound Loaded* se cometieron muchos errores y se tomaron muchas decisiones apresuradas. En primer lugar, era demasiado pronto para sacar un nuevo disco. Fue tan pronto que de hecho cuando salió el primer sencillo, muchas personas pensaron que era una canción del disco anterior, *Ricky Martin*. Después de un megaéxito como lo fue *Ricky Martin*, es importante dejar pasar un tiempo antes de sacar otro álbum. Hay que parar, por lo menos un rato. Sin embargo, la disquera necesitaba su siguiente éxito y cuando me empujó a que lo hiciera, yo no le dije que no, tal vez porque en ese momento yo no quería parar, porque si paraba me iba a poner a pensar en todas las cosas que no quería analizar.

CUATRO

RETOMAR EL
CONTROL DE MI VIDA

SER ARTISTA SIGNIFICA BUSCAR EL RECONOCIMIENTO DE los demás. Ya sea en la música, las letras, la pintura o el baile, el arte por definición busca interactuar y conectar con su público. Para mí esto es un aspecto fundamental de lo que hago. Los momentos en los que más feliz me siento es cuando me encuentro en el escenario, rodeado de mis músicos y frente a un público inmenso, animado y exaltado por mi música. Me encanta sentir que a la gente le gusta mi música, que significa algo en sus vidas y que de alguna manera conectamos. Cuando a alguien le gusta lo que hago, eso me alimenta el alma.

Hay artistas que dicen que hacen su música o hacen su arte sólo para sí mismos, sostienen que la aprobación del público es irrelevante. Aunque es un punto de vista que respeto, yo no comparto esa filosofía. Soy cantante porque me gusta mi música, me gusta bailar, pero si no le gustara a nadie más, me sentiría frustrado. Llámalo ego, fobia al fracaso, necesidad de ser aceptado o lo que sea, pero yo siento que la música tiene que tener un impacto real en el mundo, tiene que *conectar*.

Por eso es que cuando despegó "María", luego "La Copa de la Vida" y, finalmente, "Livin' La Vida Loca", yo estaba en el cielo. Todo ese trabajo, los viajes, las horas pasadas en el estudio, dando entrevistas, sesiones de fotos... todo ese trabajo estaba cosechando sus frutos y puedo decir que desde adentro lo viví como un momento extraordinario y único, una verdadera bendición. Sin embargo, ese momento —el momento que había ansiado con todas mis fuerzas— trajo consigo otra serie de retos que yo quizás no estaba listo para afrontar. Hasta cierto nivel, yo ya estaba acostumbrado a hacer lo que se esperaba de mí: al comienzo de mi carrera cuando siempre seguí las instrucciones de los representantes de la banda, y más adelante lo hice también con los directores de teatro o televisión con los que trabajé, con los productores de mis discos, los ejecutivos de la disquera... Pasé tanto tiempo siguiendo los consejos de los demás —en su mayoría bienintencionados, por suerte—, que sin darme cuenta, empecé a perder mi propia identidad. Quería tanto que las cosas salieran bien y que alcanzáramos el éxito que siempre había añorado, que muy pocas veces me detuve a pensar si realmente podía —ni hablar de si quería— hacer todo lo que se esperaba de mí. Los años de mi ascenso a la fama fueron una época fabulosa, de eso no hay la menor duda, pero también fueron años en los que siento que perdí mi norte.

EN LA LUZ PÚBLICA

LOS CONSEJOS DE quienes ya han pasado por lo que tú estás pasando son muy valiosos, y otra gran recomendación que me hizo Madonna fue: "Ricky, si la música, el arte o tu carrera comienza a controlarte, desconéctate. Tú tienes que ser el que controla tu carrera, no dejes que ella te controle a ti". Claro, Madonna es una mujer muy sabia, y entendí perfectamente su consejo, pero se me hizo difícil ponerlo en práctica.

En el año que le precedió a los Premios Grammy, yo no sentía que la música me controlaba, ni mi carrera tampoco. El mundo entero estaba escuchando mis canciones y yo sentía que estaba en la cima, en total control de lo que se estaba preparando. Sin embargo, había cosas que me daban un poco de ansiedad. Aunque yo estaba enfocado en hacer todo lo posible para mantener ese impulso extraordinario que me había llevado hasta ese punto, no dejaba de haber ciertos momentos en los que sentía que eran demasiadas horas de trabajo, por el simple hecho de no saber decir, "¡no!". Mi representante venía con un itinerario y yo le decía que sí a todo, sin nunca detenerme a pensar en las consecuencias. Evidentemente, yo estaba disfrutando mucho de mi éxito, pero no dejo de pensar que quizás también estaba tratando de escapar de la carga emocional tan grande que llevaba encima. Al igual que cuando estaba en Menudo, donde me enfocaba en el trabajo todo el tiempo porque de cierta forma quería escapar de la realidad de lo que estaba pasando con mis padres, durante la locura de "Livin' La Vida Loca" creo que también estaba evitando enfrentar los sentimientos contradictorios y de culpa que me acechaban en cuanto a mi sexualidad. Estar ocupado todo el tiempo implicaba no tener que pensar en cosas incómodas, y me metí de lleno en ese papel. En cierta forma, aquellos años de disciplina al comienzo de mi carrera, más mi necesidad de huir de ciertos problemas, me congelaron las emociones —dejé de escuchar las alarmas internas que señalan la fatiga.

Aparte de todo, por esa época estaba volviendo a salir con mi Coco Channel/Brigitte Bardot, aquella mujer maravillosa que había conocido en México. Estar con ella siempre me daba mucha paz. Nuestra relación era de mucho amor, mucha atracción y cuando estaba con ella me sentía seguro. Acompañado. Enfocado. Durante todo el tiempo que pasé con ella, yo nunca miré a nadie más, nunca quise a nadie más y esa estabilidad me anclaba. Me daba la estabilidad que le había faltado a mi vida durante mucho tiempo. Además, me ayudaba a mantener alejados todos los sentimientos que me hacían sentir tan culpable. Me sentía bien con ella, la amaba y me sentía amado, entonces no tenía por qué pensar en nada más.

Pero esa ilusión de pensar que tenía tanto mi carrera como mi vida emocional bajo control no duró mucho. Mi relación con aquella mujer maravillosa duró un tiempo más y luego de muchos ires y venires terminamos separándonos para siempre. Es difícil explicar lo que hace que una relación termine. Aunque evidentemente hoy me doy cuenta de que mis propios conflictos internos tuvieron mucho que ver, hay otros factores que hicieron que finalmente nos distanciáramos y más adelante decidiéramos —siempre con mucho amor y cariño— separarnos.

Y ahí fue que empecé a perder el control.

Mientras mi equipo y yo trabajábamos sin parar para mantener toda la maquinaria andando haciendo giras de promoción, giras de conciertos y videos, súbitamente mi vida personal se convirtió en un tema para los medios. Como era natural, el público quería saber exactamente quién era este Ricky Martin del que tanto se hablaba, entonces comenzaron a preguntar. En todas las entrevistas que me hacían, la gente quería saber de dónde venía, cómo fue mi infancia, cómo eran mis padres, si tenía pareja...

Hay una diferencia fundamental entre los artistas de cine y los cantantes que mucha gente no se da cuenta. Cuando un actor está haciendo la promoción de una película, por lo general las preguntas giran en torno al papel que interpretó, la temática de la película, la experiencia de la filmación; hay un sinfín de temas que se pueden explorar sin necesidad de recurrir a la vida personal del artista como tema de conversación. Sin embargo, cuando se trata de un cantante o un músico, hay mucho menos rango de discusión y la entrevista suele enfocarse, casi siempre, en la vida personal del artista, que es al fin y al cabo la fuente de inspiración de sus canciones. Las preguntas suelen ser más personales porque es muy común, por lo menos en mi caso, que la música hable del amor, el desengaño y las relaciones.

Como yo decía que sí a todo, había entrevistas conmigo en todas las revistas, los programas de televisión, los periódicos. Mis videos musicales los pasaban por MTV cada diez minutos. En las entrevistas yo contaba muy poco de mi vida privada, y como lo que contaba no daba mucho de qué hablar —era un chico sano, trabajador, sin vicios— supongo que hubo algunos medios que se empecinaron en descubrir cuál era mi "lado oscuro".

Y así empezaron los rumores. No tengo idea de cómo habrán comenzado ni quién habrá dicho o dejado de decir qué, pero el hecho es que en las revistas de chismes de aquella época comenzaron a aparecer todo tipo de historias diciendo que yo había estado con tal o tal chico —irónicamente, aunque sí estaba teniendo relaciones con hombres, ninguna de las que mencionaba la prensa era cierta. Yo entiendo que los chismes venden revistas y muchas veces eso es lo que la gente quiere leer, pero la verdad es que la invasión a mi privacidad me cayó como una patada en el estómago. No comprendía por qué me había vuelto objeto de tantas especulaciones. Lo único que quería era continuar haciendo mi música y viviendo mi vida sin que nadie se metiera. Ingenuamente, pensaba que a pesar de ser una persona pública, tendría derecho a mi privacidad.

El resto del mundo no pensaba lo mismo.

EL PRECIO DE LA NEGACIÓN

EN REALIDAD EL problema no era tanto que se estuvieran propagando rumores sobre mi homosexualidad. El problema real era que yo mismo no sabía lo que estaba sintiendo al respecto. Aunque después de haberme separado de mi primer amor tuve otras relaciones con hombres, todavía no estaba listo para aceptar que soy gay. Todavía no había llegado mi momento y, aunque hoy en día todos sabemos que esos rumores estaban basados en hechos verdaderos, la realidad es que para mí, en ese momento, todavía no era un hecho. Era un tema con el cual luchaba constantemente y que me causaba mucho dolor y mucha angustia. Y cada vez que alguien escribía en un artículo que yo era homosexual o tenía lugar una entrevista en la que se me preguntaba —de manera no muy sutil— si tenía pareja, lo único que eso hacía era alejarme cada vez más de mi verdad. Los rumores y las preguntas lo único que hicieron fue incrementar mi inseguridad y mi autorechazo; me recordaban todas las razones por las cuales me sentía incómodo en mi propia piel. A ratos me odiaba a mí mismo. Como todo el tema se presentaba bajo una óptica tan negativa, insinuando siempre que era algo escandaloso o malo, lo único que hizo fue reforzar mis deseos de negar lo que estaba sintiendo. Y como en ese momento estaba tan lejos de estar listo para salir del clóset, el único resultado fue que me causó mucho, mucho dolor.

Años más tarde se hizo una biografía de mi vida para la televisión y entrevistaron a muchas personas de la industria y a periodistas especializados. Dentro de esa biografía dijeron algo que pienso que es muy astuto: cuando al mundo de la música llega algo tan grande como el fenómeno Ricky Martin, hay veces que a la gente "le fascina odiarlo". Joe Levy, quien era entonces el director de la revista *Blender*, lo dijo de una forma muy clara: "Cuando una estrella del pop se viste demasiado bien, se peina demasiado bien y es demasiado perfecto, es igual de fácil odiarlo que quererlo". Es posible que algunas personas quisieran encontrar algún chisme sobre mí, o decir algo que a sus ojos es malo, porque no querían que me fuera bien. Sea cual sea la razón, el hecho es que para mí fue una época de mucha angustia.

Creo que uno de los factores que contribuyó a "alimentar" los rumores sobre mi sexualidad fue que la gente tal vez pensaba que mi imagen de "latin lover" era excesiva. Es decir, tal vez pensarían que yo hacía todo lo que hacía —mi manera de bailar, las letras de mis canciones, los movimientos sensuales de cuando estoy en el escenario— porque en realidad quería ocultar mi homosexualidad. Y ahí sí siento que es necesario aclarar las cosas: yo soy el artista que soy por todas las influencias, experiencias y sensibilidades estéticas que tengo, y eso no tiene absolutamente nada que ver con mi sexualidad. Aunque sé muy bien que toda mi música y mis presentaciones tienen un componente "sexualizado" en el sentido en que bailo con mujeres, muevo las caderas y gozo del ritmo, eso no quiere decir que sea una expresión de mi sexualidad, independiente de si siento atracción por las mujeres o por los hombres. Cuando estoy en el escenario, siempre estoy buscando la manera de conectar con el público y si descubro un movimiento de cadera o un paso de baile que gusta, que causa sensación, que prende a la gente, pues lo voy a seguir haciendo. Es una cuestión de imagen y de un trabajo de seducción del público que no tiene nada que ver con mi vida personal.

Cuando estoy en el escenario, estoy haciendo *mi trabajo*. Lo hago con dignidad. Lo hago con respeto. Lo hago porque me gusta y porque quiero que mi música y mis presentaciones les gusten a los demás. En los países fuera de Latinoamérica, la cultura latina siempre ha tenido una connotación muy sexualizada, pero para los que somos de esa parte del mundo, eso que se ve como tan sexy en otros países es lo normal para nosotros. Los movimientos de la salsa, el merengue y la cumbia se encuentran en los bailes de todos nuestros países.

Tal vez el momento que mejor ejemplifica todo esto de los rumores que estaban revoloteando y del daño que me hacían es aquella famosa entrevista con Barbara Walters. En los Estados Unidos, Barbara Walters es una periodista muy conocida por sus entrevistas a las personas más famosas y poderosas del mundo, y por su capacidad única de sacarles detalles personales que jamás han revelado. Su larga lista de entrevistados cuenta con presidentes, reyes, ricos, celebridades y criminales. La mía fue televisada durante la noche de los Premios Oscar, el domingo 26 de marzo de 2000. En ese momento yo era posiblemente uno de los latinos más reconocidos del planeta, y con toda la promoción que llevaba haciendo durante los últimos cuatro o cinco años, estaba completamente sobreexpuesto. El álbum *Ricky Martin* y la canción "Livin' La Vida Loca" seguían vendiendo como pan caliente y yo en ese momento estaba en medio de una gira mundial de conciertos. El show de Walters solía ser una parte muy esperada de la programación en una de las noches de mayor audiencia en todo el año.

La entrevista se hizo en Puerto Rico. Después de pasear un poco por la playa, nos sentamos en un patio para hacer la entrevista. Allí me hizo preguntas sobre mi éxito, mi vida como cantante, mi familia y, como buena cazadora que es, cuando menos lo esperaba, me hizo la pregunta que más temía: me preguntó sobre mi sexualidad.

Yo le contesté como acostumbraba responder a esa pregunta: le dije que se trataba de mi intimidad y que por eso no era asunto de nadie más. Pero en lugar de aceptar la respuesta y seguir adelante con la entrevista, ella se empecinó en seguir indagando. En cierta forma entiendo que estaba haciendo su trabajo, pero me presionó mucho, quizás pensó que podría sacarme una "confesión" para el programa. No sé. Pero el caso es que no le di lo que quería.

Me mantuve firme en mis respuestas —lo más que pude— pero recuerdo que empecé a ver todo borroso y el corazón se me aceleró. Me sentía como un boxeador a quien le acababan de meter un golpe decisivo —tambaleando, defendiéndose, pero ya estaba noqueado, esperando caer. Pero no caí. No sé cómo hice, pero me mantuve firme.

Ahora mientras lo escribo, me río, y no sé si esa risa viene de nervios o porque con el paso del tiempo me hace gracia lo ridículo de la situación, pero la verdad es que no puedo sino reírme.

Años después, Barbara reconoció que tal vez no debió hacerme esa pregunta y que se arrepiente de haberlo hecho. Aunque lo pasado ya pasó, la verdad es que yo le agradezco profundamente el gesto, pues para mí hoy en día significa mucho que ella entienda que en ese momento yo simplemente no estaba listo. Aunque existían todos los rumores, por más insoportables que fueran a ratos, en mi cabeza las cosas todavía no estaban claras y salir del clóset ni siquiera era una opción. La presión exterior no hizo sino aumentar mi angustia y en lugar de acercarme a mi momento, al día en que me sentiría cómodo para revelarle al mundo mi verdad, me alejó cada vez más. Cada episodio de este estilo me hizo enterrar mis sentimientos aún más en el intento de ahogar mi dolor.

Hoy en día pienso en lo fácil que hubiese sido decir que sí, y sentirme orgulloso de quien soy. Aunque en realidad yo nunca mentí, simplemente no contesté. Fui muy torpe, y ahora me doy cuenta que era algo tan simple. Era como que me estaba ahogando en un vaso de agua, pero en ese momento yo no lo veía ni lo vivía de esa manera. No importa cuántas vueltas le dé, el verdadero fondo del asunto es que aún no era mi momento. ¿Por qué? Porque no. Simplemente no lo era.

También es verdad que no fue sólo por mí que me quedé callado. Aunque asumo toda la responsabilidad de mis decisiones, yo también sentía que tenía que pensar en cómo afectaría a mi familia, a mis amistades y a todas las personas que tengo a mi alrededor. Siempre he cuidado de la gente que está a mi lado, y lo hago porque quiero. Así ha sido mi vida, y eso me llena. Para muchos pensar así es algo enfermizo y estoy de acuerdo. Sé que tengo que trabajar en ello pero es así. Tengo claro que lo que yo hago inevitablemente tiene repercusiones en las vidas de otros, y en aquel momento yo sentía que si hablaba de mi sexualidad la gente me rechazaría y probablemente se acabaría mi carrera. Ahora, al pasar los años, me doy cuenta de lo absurdo del planteamiento, pero por una razón u otra, eso era lo que pensaba en ese entonces. Así que seguí teniendo relaciones con hombres, pero las mantuve siempre escondidas. Me daba coraje que la gente sintiera el derecho de entrar a mi habitación y ver con quién me acostaba. Independientemente de cuál sea mi orientación sexual, creo que como todo ser humano tengo derecho a mi privacidad.

Las presiones laborales y de los medios llegaron a ser tan agobiantes que llegó un momento en que el único lugar donde yo encontraba paz era en el escenario. Pero poco a poco hasta eso también comenzó a perder su brillo. Por primera vez, cuando estaba en el escenario, comencé a sentirme incómodo, insatisfecho, vacío. No entendía por qué estaba haciendo lo que estaba haciendo. Ahí fue cuando me dije: "¡Espera! ¡Aguántate un momento! Esta es la única cosa que realmente te gusta, ¿y ahora estás empezando a sentirte mal aquí también? Es hora de parar". Era lo único que me quedaba, lo único que me gustaba de ser artista, y ahora eso también se me estaba echando a perder.

No sé si el público lo haya percibido, pero yo estoy casi seguro de que sí. Es decir, si alguien vio uno de mis conciertos en Nueva York o Miami, que eran al principio de la gira cuando estaba disfrutando de la ola de éxito, y después vio el mismo show en Australia cuando ya se estaba terminando la gira, habrá tenido que notar la diferencia. Ya allí, al final en Australia, yo estaba en el escenario, hacía mi trabajo, pero estaba pensando, "No veo la hora de que esto se acabe para poder volver a mi casa".

Lo único que quería era trabajar y dormir. No quería nada más. Entonces llegó el momento de seguir el consejo de Madonna y desconectarme. En ese momento estábamos en Australia y la siguiente parada era Argentina. En Buenos Aires nos esperaba un estadio lleno de gente, pero finalmente cancelé el concierto. No podía más. Este fue sólo el segundo concierto que cancelé en mi vida, el primero fue por estar enfermo.

Toda la banda preguntaba:

—¿Pero qué pasó? ¿Cómo que nos vamos a casa?

—Sí —les respondía yo—, nos vamos a casa. Estoy muerto, no puedo más.

—Pero, Ricky, si es sólo una semana más de gira —me decían—, vamos, ánimo, no es sino una semana más.

En circunstancias normales yo tal vez habría hecho ese último esfuerzo, me habría obligado a mí mismo a sacar energías de donde no las tenía. Pero esta vez era diferente y yo sabía que no me iban a poder convencer. Simplemente no quería —no podía— seguir, y no había poder humano que me convenciera de lo contrario. Lo único que quería en ese momento era regresar a casa.

Me imagino que fue un ataque de ansiedad. Estaba cansado de todo, y ahora encima ni siquiera el escenario era suficiente para sanar mi malestar. Si no quería hacer las presentaciones, ¿que sentido tenía todo esto? Había que parar y descansar, porque quién sabe qué cosa me habría sucedido si hubiera seguido siquiera una semana más a ese ritmo.

Ya llevaba diecisiete años trabajando —pero los últimos cuatro habían sido bestiales, casi sin descanso. Primero vino la gira de *A medio vivir*, luego *Vuelve* y casi enseguida fueron los Premios Grammy y todo la locura de "Livin' La Vida Loca". Cuatro años de gira son muchos años. Tenía todo el sentido del mundo que me estuviera sintiendo así.

Además, no me gustaba quien era, no me gustaba lo que estaba sintiendo. Comencé a actuar de una manera en la que nunca había actuado. No es que le haya faltado el respeto a nadie, no grité ni hice nada por el estilo, pero sí comencé a perder la disciplina. Llegaba tarde. Jugaba con el tiempo de los demás. Recuerdo una vez que estaba haciendo una gira de promoción en Alemania, tenía un evento a las nueve de la mañana y me aparecí por la tarde. Tal vez para otros artistas eso no es nada, pero para mí sí. Cada cual tiene sus parámetros. Para mí, no llegar a los ensayos o no llegar a la promoción, eso es tocar fondo.

Entonces dejé de trabajar. Volví a mi casa y me aislé del mundo. Andaba desanimado, con poco sentido del humor y muy poca tolerancia. Me pasaba el día por ahí en mi casa tranquilo, relajado, en pijama —algo muy poco común en mí porque siempre he sido activo, animado, siempre me levanto temprano en la mañana, listo para arrancar el día. Pero en ese momento no quería saber nada de agendas, obligaciones o citas. Lo único que quería era quedarme quieto.

Ahora lo miro y creo que ese fue el momento en que empezó mi metamorfosis. Empecé a evaluar lo que quería y lo que no quería de mi vida, lo que necesitaba y lo que no. Fue como un renacimiento. Y dentro de ese renacer era como si también estuviera pasando por un proceso de desintoxicación espiritual necesaria para volver a lo básico, para volver a la calma. Estaba dejando de ser lo que fui durante esos últimos años para convertirme en mi nuevo yo. Para mí fue un proceso muy interesante, pero los que me conocían, los más allegados, no lo podían entender.

Un día me vino a ver una gran amiga y, aterrada de ver lo que estaba pasando, me gritó, como queriendo despertarme del sopor en el que estaba:

—¡Estás jodido!

—¡No! —le respondí, también a gritos—. ¡Soy así! Si no te gusta, ¡vete!

—No, no me voy —me dijo ella.

Y con eso, tiré un vaso que se estrelló contra la pared y se hizo pedazos.

Suena como algo tonto, un gesto sencillo de exasperación, pero el efecto que tuvo esa escena en mi vida fue inesperado. En vez de asustar o enojar a mi amiga para que se fuera, yo fui el que quedó atónito: la explosión me causó un shock emocional. En los pedazos de vidrio en el piso vi lo que estaba pasando con mi vida. Si no me decidía recomponerla en ese instante, terminaría también en mil pedazos. No me reconocí en aquel gesto tan violento y comprendí que el problema era más serio de lo que estaba dispuesto a admitir.

VIAJES

HOY DÍA PUEDO decir que ya me perdoné por haberme dejado caer tan bajo. Todavía hay veces que pienso en cómo dejé que se me descontrolara la vida, cómo me dejé seducir por la fama. Una cosa es ser famoso y otra es ser controlado por la fama. Ser famoso puede ser algo muy bueno, pero ser controlado por la fama no lo es en absoluto.

Jamás me lamentaré porque pasó lo que debía pasar. ¿Dolió? Seguro que sí. Pero aprendí mucho. Y eso es lo importante. Tal vez podría haber tomado otras decisiones y hecho otras cosas, pero esa fue la lección. Tenía que enfrentar todos los retos que me aparecieron en ese momento para seguir adelante en el camino espiritual. Llegué adonde llegué para aprender una lección y no caer en la misma trampa en el futuro.

Pero para entenderlo tuve que llegar al punto más bajo, según mis parámetros. Es ahí que comenzó la búsqueda en mi interior para encontrar el camino que me llevó a mi gran despertar. Al reventarse ese vaso contra la pared, lo vi todo. De inmediato empecé a reparar todo el daño que me había hecho. Era hora de limpiar mi jardín. Dejé de ver a la gente que ejercía una mala influencia sobre mí, volví al gimnasio, hice mucha meditación. Hice una limpieza total y me embarqué en mi búsqueda espiritual. Necesitaba dejar todo eso —los carros, las casas, el avión privado que me había comprado— y andar a pie por donde nadie me conocía, o si me reconocían no les importaría. Necesitaba reconectarme con ese niño de seis años que llevo dentro y, como prioridad, volver a hacerlo feliz.

Me pregunté: ¿quién soy? ¿Por qué estoy aquí? ¿Cuál es mi misión en la vida? Mis recuerdos más felices siempre han sido los de mi niñez. El tiempo que pasaba con papi. Ir a tomar café con mis abuelitos en las tardes. Estar con mi abuelita en su sala mientras trabajaba en alguno de sus proyectos. Escuchar música con mi madre. Pensando en esos momentos tan sencillos y tan felices, me di cuenta que lo que necesitaba era volver al principio. Necesitaba ser un niño de nuevo.

De repente me volví un poco malcriado. Me despertaba a las cuatro de la tarde y me dormía al amanecer. Me comportaba como un rebelde. Si no quería hacer algo, no lo hacía. Si no quería salir, no salía. Vivía día a día. No creo que estuviera deprimido, era más bien que me estaba protegiendo. Estaba estableciendo mis límites y tratando de ver qué era lo que le faltaba a ese niño.

Empecé a practicar mucho las artes marciales y durante alrededor de seis meses me volví medio obsesivo: desayunaba, almorzaba y comía capoeira, el arte marcial originado en Brasil. El estilo combina elementos de música, juego, lucha y baile. Era como estar jugando con un grupo de niños. Iba a una academia de capoeira donde practicaban gente entre los dieciocho hasta los cuarenta años. Pero cuando estábamos entrenando, todos nos convertíamos en niños.

También me dediqué un tiempo a viajar. Con unos amigos atravesé los Estados Unidos en una autocaravana. Por supuesto que hubiese podido hacer el viaje en un autobús de lujo, hasta con un chofer y todo lo imaginable. Pero yo dije: "No quiero eso. Primero, quiero manejar. Y no quiero tener nada que me recuerde mi vida artística." Si me buscaba un bus grande y suntuoso, me recordaría el trabajo y las giras de concierto en concierto.

De hecho, yo lo que más quería era sencillez. Cuando parábamos, no era para buscar un hotel de lujo, sino un camping, y ahí nos estacionábamos hasta que era hora de

volver a emprender el camino. Nos turnábamos para conducir. Una vez estábamos pasando por una ciudad pequeña
en Texas e iba conduciendo yo. Aparentemente me había
pasado del límite de velocidad y me detuvo un policía.

—¿Iba a exceso de velocidad? —le pregunté—. ¿En esta
cosa tan enorme?

—Pues sí —me respondió el policía—. Ibas a treinta y
cinco millas por hora en una zona de treinta.

Le di mi licencia de conducir y, cuando la miró, no lo
podía creer.

—¡Eh! —me dijo—. ¿Ricky Martin? ¿Aquí?

—Sí —le respondí aguantando la risa.

—¿Pero qué hace Ricky Martin en este pueblito?

Hablamos un rato, le conté de mis vacaciones y luego le
pedí que me indicara cómo llegar a un motel. Más tarde
me tuve que reír porque me imaginé que cuando él se lo
contó a su familia y a sus amigos en la estación de policía,
nadie se lo debe haber creído.

Y así fue el viaje. De pueblo en pueblo, sin lujos, ni fan-
farrería. Me fui con un grupo de amistades y en el camino
me encontraba con otras amistades en las ciudades por las
que íbamos pasando.

Pasé por el Gran Cañón, Las Vegas, Vail, Aspen, el
desierto de Mojave. Iba adonde quería y hacía lo que quería, sin muchos planes. Lo disfruté muchísimo.

Por primera vez en mucho tiempo me sentí libre, poderoso,
capaz de hacer lo que quisiera hacer, sin importar lo que dijeran o pensaran los demás de mí. Llevaba tanto tiempo pensando solamente en el trabajo, lo que se exigía de mí, lo que
debía hacer todos los días, que se me había olvidado lo que
era despertarse un día sin un plan fijo en mente.

También fui a Asia un par de veces. Fui a la India en un viaje que me cambiaría la vida. Volví. Me pasé un tiempo en Nueva York y luego me fui a Brasil a buscar nuevos sonidos. Me fui a Egipto con unas amistades, tratando siempre de mantenerme incógnito. Me ponía una gorra y al llegar al hotel, uno de mis amigos se encargaba de registrarnos y yo me iba a mi cuarto. Todos los días salía y la gente en la calle me miraba como pensando, "¿Será él? No. No puede ser... Pero mira que se parece".

Un día en Egipto, contratamos una guía para que nos llevara a los sitios turísticos e históricos y nos explicara qué era lo que estábamos viendo. Ella me miraba de lado mientras íbamos caminando, pero durante toda la visita no se atrevió a decir nada. Al final de la tarde no aguantó más y me preguntó:

—Con permiso, señor, ¿usted no es Ricky Martin?

Hoy soy Kiki, mucho gusto.

Las cosas estaban cambiando. Ahora sentía la necesidad de dedicarle todo el tiempo posible a ese niño interior. Sentía que tenía que desaparecer por un tiempo e ir bien profundo en mi interior para poder conectarme con mis sensaciones más reales, mi naturaleza más profunda. Tuve algunos amores y desamores, y me permití vivir esas relaciones plenamente. Con más tranquilidad y menos miedo, con menos culpabilidad y más aceptación. Aprendí a quererme de nuevo y a ser el chico espontáneo y alegre que siempre fue Kiki.

En aquella época también empecé a grabar un disco, pero sin apuro. Estaba gozando lo que es hacer música y cantar, sin tener que pensar en la disquera o en el hecho que a fin de cuentas se trata de un negocio. Pude trabajar con absoluta libertad y creatividad, y volví a descubrir el placer de *hacer música*, realmente *hacerla*. Gocé cada instante pues eso de hacer un disco sin itinerarios, de tener el lujo de hacer música con calma, eso yo no lo conocía.

LA ALEGRÍA DEL SILENCIO

Lo PRIMERO QUE hice cuando volví al trabajo fue grabar un disco en inglés, el que le seguiría a *Sound Loaded*. Pero se demoró una eternidad. Entonces, cuando iba a mitad de camino, dejé de grabar en inglés y empecé a grabar en español. De ahí salió el álbum *Almas del silencio*, con la canción "Asignatura pendiente". Yo creo que ese disco, y más que nada esa canción, son dedicadas a ese niño interior. La experiencia de hacer un disco sin presión, de hacer el disco que yo quería hacer y no el que quería la disquera, eso fue un regalo para el niño Kiki. "Asignatura pendiente", la canción que Arjona escribió para mí, justamente le rinde homenaje. Esa canción viene de todo lo vivido en esos meses.

Para *Almas del silencio* no hicimos gira, lo cual fue algo exótico para mí. En cambio, me fui a Europa, Asia, Australia y a todo Latinoamérica con mi disco en español haciendo más que nada promoción por aquí y por allá —lo hice todo a mi manera y sin presiones. El disco terminó vendiendo 1,7 millones de ejemplares sólo en los Estados Unidos y recibió Discos de Platino en España, Argentina y Estados Unidos. Claro, no se comparaba con el éxito de "Livin' la Vida Loca", pero yo me sentí satisfecho porque fue un disco que hice con tiempo y a mi manera y para ser un disco en español esas cifras no estaban nada mal.

Después regresé al estudio para seguir grabando el disco en inglés que había dejado a medias. Es que había aprendido mi lección: más nunca me iba a ir de gira mientras estuviera grabando un nuevo disco. Es una locura absoluta e innecesaria, y más nunca pienso hacerlo en el tiempo que me queda de vida.

El disco en inglés se llamó *Life*, y terminó saliendo en 2005. Aunque sin duda es un disco interesante, que tiene muchas influencias y sonidos, debo admitir que no es mi disco favorito. Yo quería hacer un disco introspectivo, contemplativo y de muchas facetas, tal como es la vida. Quería conectarme con mis emociones. Creo que lo logré, hasta cierto punto. Pero ese disco terminó siendo influenciado por muchos sonidos de diferentes culturas, y hubo críticas que decían que aunque por separado cada canción estaba muy bien lograda, en realidad no había ninguna lógica entre canción y canción.

Mi respuesta siempre fue, "Pero es que así es la vida", ya que en general, cada época o cada etapa de la vida es diferente. En ese sentido yo no soy el mismo de hace una hora, ni el mismo que era ayer o esta mañana. Y eso es justamente lo que hace que la vida sea interesante. Pero con todo y eso, sé reconocer que los críticos tenían razón; no había uniformidad en esa producción, y en gran parte se lo atribuyo al hecho que lanzamos el disco cinco años después de haber comenzado a grabarlo. Si empiezas a trabajar hoy te darás cuenta que dentro de cinco años te han pasado muchas cosas, con tus emociones y experiencias vividas —ni hablar de los tecnicismos musicales. Aparece una nueva tecnología musical, puede ser la computadora o un cambio en la manufactura de un instrumento, que cambia las posibilidades, y eso crea toda una serie de nuevos sonidos y nuevas influencias. Y todo eso afecta el producto final.

De todas maneras, salió un disco de gran calidad. Cuando me pongo a pensar por qué me demoré tanto en grabarlo, creo que fue porque me estaba escondiendo. De alguna manera, pienso que todavía estaba un poco herido por lo que había pasado con "Livin' La Vida Loca", el agotamiento que llegué a sentir, la intensidad de la experiencia. Era un poco como cuando uno tiene el corazón partido después de estar locamente enamorado. A mí todavía me encantaba el escenario y la manera en que me sentía cuando me paraba frente al público, pero en el fondo temía que me volviera a suceder lo que me había pasado antes. Quería estar ahí, pero no quería estar.

Me tomó un tiempo volver a estar listo para enfrentar el mundo. Pero ese tiempo que pasé fuera de la mira del público fue una de las épocas más importantes de mi vida. Aprendí la humildad: por mucho tiempo me vi a mí mismo como un superhombre que nada lo limita. Aprendí cuales eran mis límites y, más importante aún, aprendí a ponerle límites a los demás. Ya no podía hacer TODO lo que se me pedía, ya no podía estar en todo momento en todos lados. Es más, ni siquiera quería. Reaprendí a amar mi vida y sobre todo me reconecté con el Kiki de mi infancia. Me di cuenta que todo lo que había vivido en los últimos años había sido un sueño —un sueño sin duda maravilloso, lleno de todas las cosas que siempre había anhelado—, pero en el camino me había olvidado de ser quien soy.

Aprendí que para ser el maestro de mi propia vida

tendría que tratarla con respeto y responsabilidad. Necesitaba ser el que decidiera qué es lo mejor para mí: necesitaba buscar lo que necesitaba, cuando lo necesitaba, y no dejar que nadie más dictara lo que debo o no debo hacer. Hasta el día de hoy, este es un propósito que mantengo fuertemente anclado en mis principios: si yo no defiendo mi templo e impido que las demás personas me lo invadan, ¿entonces quién lo va a hacer?

CINCO

EL SONIDO DEL SILENCIO

LAS LECCIONES MÁS VALIOSAS DE LA VIDA SE APRENDEN en silencio. Es cuando estamos en silencio que tenemos la capacidad de pensar y conectarnos con nuestra naturaleza más íntima, con nuestro ser espiritual. Todos andamos por la vida —algunos con más prisa que otros— buscando la felicidad. Parece algo tan simple, ¿verdad? Pero de lo que no nos damos cuenta es que antes de poder encontrar la felicidad, antes siquiera de empezar a buscarla, necesitamos comprender de qué estamos hechos. Hay que reconectarse con el niñito o la niñita que cada cual lleva dentro para descubrir cuáles son nuestros deseos más profundos y comprender cómo suplirlos.

He tenido la fortuna de vivir una vida increíble. Extraordinaria. Pero así como ha habido momentos en los que me he sentido en la cima, ha habido otros en los que sentí que caía muy bajo, y al cerrarse la locura de "Livin' La Vida Loca" yo estaba en uno de esos momentos. Estaba muy cansado y muy triste. Ya no tenía ganas de nada y a pesar de que lo tenía todo, nada me importaba. Lo único que quería era quedarme en mi casa sin hacer nada. Estaba cansado de tanto trabajar. Había alcanzado las altas esferas de la industria de la música —algo por lo que había trabajado sin descanso—, pero ahora que lo tenía todo, no tenía ningún interés en usar ese poder. La verdad es que me sentía agotado, usado, y no quería hacer nada. Entonces me encerré en mí mismo.

De lo que no me daba cuenta en aquel momento era que ese momento en el que me sentía tan mal, y tan perdido, no era sino la antesala de todo lo extraordinario que estaba por venir. Aunque yo sentía que había perdido esperanzas, todo en mi vida se estaba alineando para llevarme exactamente a ese lugar de desesperación que me incitaría a hacerme preguntas y encontrar respuestas que jamás me hubiera imaginado. Es que llevaba demasiado tiempo mirando hacia afuera y no hacia adentro. Tomaba las decisiones basadas en lo que me dictaba mi mente —muy mecánica— o sentía con mi corazón— muy apasionado. Ambas maneras de enfrentar la vida eran un error. Lo que necesitaba era encontrar un equilibrio. Necesitaba encontrar mi centro. Necesitaba ir bien profundo para hallar esas emociones olvidadas, encubiertas y saboteadas por la adrenalina y la euforia que había vivido en los últimos dos años.

Después de pasar por tanto y de tener tanto, lo que quería ahora era el polo opuesto: quería encontrar la sencillez absoluta. Como siempre, la vida me puso por delante precisamente lo que necesitaba en ese momento.

EL PEQUEÑO YOGUI

A FINALES DE 1998, cuando estaba en medio de toda la locura de "La Copa de la Vida" y la preparación de mi primer álbum en inglés, fui a dar un concierto en Bangkok. Íbamos de un lado a otro con muy poco tiempo de sobra, al ritmo frenético de la promoción. En un momento dado, después de dar una conferencia de prensa, me metí por la cocina del hotel para regresar a mi habitación y, de repente, en medio del caos de la cocina, vi a un señor que tenía un aura muy especial. Parecía un pequeño Gandhi. Normalmente habría pasado de largo, pero hubo algo en él que me llamó la atención.

—*Hello* —le dije en inglés.

Y él me respondió en español:

—¡Hola!

—¿Hola? —le dije—. ¿Tú hablas español?

—Claro —me respondió él—. Yo también soy puertorriqueño.

—¿Estás aquí de vacaciones? —le pregunté sorprendido.

A nuestro alrededor iban y venían los cocineros con platos, ollas y bandejas llenas de comida, mientras que en el elevador me estaban esperando los de seguridad para regresar rápido a la habitación para comer y descansar un poco antes del concierto. Pero ese momento fue como si se hubiera congelado el tiempo. El señor emanaba tal grado de paz y serenidad que era como si no existiera nada de lo que estaba sucediendo a nuestro alrededor.

—No, no —me respondió—. Soy puertorriqueño, pero llevo dieciocho años viviendo en Bangkok.

Me dijo que había sido monje budista y que había vivido en la India. Como monje viajó a Nepal y a Tíbet, y después pasó muchos años en las montañas de Tailandia, pero un día se enamoró de una mujer china y entonces decidió dejar atrás su vocación de monje para casarse y formar una familia. Ahora trabajaba en el hotel.

—El mono nace mono para estar en los árboles —me

dijo—, y el ser humano nace para reproducirse. Así que yo dejé de ser monje y ahora estoy casado y tengo dos hijas preciosas. Aunque ya no soy monje, la experiencia me ayudó a encontrar mi camino.

Sus palabras me tocaron el alma. Me intrigó su historia, su sabiduría, pero sobre todo sentí algo especial en presencia de ese hombre y no quería que se fuera tan rápido. Quería hacerle más preguntas y hablar con él para entender su historia. No sé si fue porque era puertorriqueño como yo o si era porque tenía esa aura tan especial, pero sentí que teníamos una intensa conexión. Fue quizás una simple intuición, pero no me equivoqué.

—¡Espérate! —le dije—. Tú y yo tenemos que hablar. ¿Tienes un momento para venir conmigo? Me encantaría conversar un poco más.

Él asintió con una gran sonrisa y de inmediato subió conmigo en el elevador hasta mi habitación. Una vez allí, nos sentamos a hablar.

Recientemente había comenzado a enterarme de que existía todo un mundo de disciplinas espirituales que hasta entonces yo ignoraba. Un amigo, que en aquel entonces era mi corista, estaba muy metido en el tema del esoterismo y poco a poco me había estado introduciendo en todo ese mundo. Apenas alguien me mencionaba la palabra "yoga" o "karma" o "meditación", yo quedaba fascinado.

—Fíjate qué cosa. En este momento yo estoy interesado en estos temas y tú vienes y apareces en mi vida justo ahora —le dije al ex monje cuando nos sentamos.

Al rato de estar allí juntos llamé a mi amigo corista para que se uniera a nosotros. Entonces los tres empezamos a hablar de la vida. Hablamos de tantas cosas que hoy en día ya no recuerdo los detalles, pero sé que me marcaron profundamente. Para cuando nos llamaron a hacer la prueba de sonido, ya tenía la cabeza dándome vueltas. Le pedí a mi nuevo amigo que nos acompañara otro momento mientras hacíamos la prueba y comíamos, y él de nuevo accedió.

Yo estaba tan fascinado con la conversación que estaban teniendo mi compañero de trabajo y el ex monje, que intentaba absorber cada palabra que decían, cada concepto que explicaban. Aunque ya sabía algo de la filosofía que estaban comentando, el fondo de lo que estaban conversando era completamente nuevo para mí. Mientras ellos hablaban, llegó el momento de cenar y nos trajeron la comida. Le pregunté al ex monje:

—¿No vas a comer?

—No te preocupes —me respondió él—. Esto es alimento para mí. Yo me lleno con estar aquí hablando y compartiendo con ustedes.

Lo menciono como ejemplo de uno de los muchos pensamientos sabios que este hombre me dio en aquel momento. Es un hombre extraordinario que me abrió los ojos a todo un mundo que yo desconocía, y me enseñó cómo hacer para aprender aún más.

A medida que nos fuimos conociendo mejor, la conexión tan especial que sentí con él desde el primer momento resultó ser muy real. Yo sentía como si nos hubiéramos conocido toda la vida. Así como se dice que existe el amor a primera vista, yo creo que también existe la amistad a primera vista, y la amistad entre nosotros fue exactamente así. Hoy en día lo llamo el pequeño yogui, no porque tenga el título formal de "yogui" dentro de la disciplina del yoga, sino simplemente por darle un nombre de maestro, debido a lo mucho que me enseñó. Fue para mí un maestro espiritual.

Yo siento que a lo largo de mi vida siempre he estado en una búsqueda espiritual. Siempre he querido encontrar tranquilidad, serenidad, paz interior, a Dios —no importa cuál sea el nombre que se le dé. Así que cuando me encontré con este hombre que emanaba tanta sabiduría y tanta comprensión de esos temas, no me tomó mucho convencerme de que los tres (mi amigo corista, el pequeño yogui y yo) teníamos que ir en una travesía hasta la fuente de su conocimiento.

CON LOS OJOS ABIERTOS

Ocho días después de haber conocido al pequeño yogui en Bangkok volé a Miami porque tenía que asistir a la ceremonia de apertura de mi restaurante. Pero no nos despedimos por mucho tiempo, pues la decisión ya estaba tomada: íbamos a ir juntos a la India; yo sólo tenía que ocuparme de algunos asuntos pendientes antes de emprender nuestra expedición. En un principio lo que más ilusión me hacía era tomarme un poco de tiempo libre para mochilear por la India. Al fin y al cabo, nunca había tenido la ocasión de hacer algo así. Por primera vez en mucho tiempo sentía emoción ante la perspectiva de un viaje, pero lo que no sabía era que este sería un viaje muy diferente a todos los que había hecho hasta entonces.

Llegué a Miami en la mañana y ese mismo día a las siete de la noche hicimos la ceremonia de presentación y apertura del restaurante para el público y la prensa. Tan sólo tres horas más tarde, a las diez de la noche, me subí de nuevo a un avión, esta vez rumbo a la India. Si hubiera sido para trabajo, tal vez habría estado agotado y exhausto, pero esta vez era diferente; sentía como una energía especial. En aquel viaje me acompañó mi compañero corista y juntos llegamos a encontrarnos con nuestro nuevo amigo en Calcuta.

Ya yo había visitado la India unas cuantas veces, pero siempre eran visitas de trabajo y siempre por muy poco tiempo. Aunque es un país que siempre me ha intrigado y fascinado, nunca había tenido tiempo de explorarlo. Cada vez que visitaba un país por primera vez intentaba ver lo más posible, las atracciones principales del lugar, pero nunca era suficiente para hacerme una idea real de cómo era el lugar.

Había algo en la India que siempre me había intrigado y llamado mucho la atención. Siempre había querido conocer más. Como país, la India ya ocupaba un lugar especial en mi corazón, pero hasta que fui con mi amigo el ex monje no me di cuenta que en realidad no conocía nada. No fue sino hasta que llegué con mi mochila al hombro para encontrarme con mi maestro espiritual que pude descubrir las verdaderas bellezas de la madre India.

El pequeño yogui ya tenía todo organizado. El plan era pasar la primera noche en Calcuta y luego iríamos en tren hasta un pequeño pueblo llamado Puri.

Yo siempre digo que la persona que va a la India y no visita una estación de tren en realidad nunca ha estado en ese país. Las estaciones de tren en la India son unos de los lugares más increíbles que yo haya visto, llenísimos de gente, actividad, sonidos, olores y colores. Es una experiencia sumamente folklórica y hasta intimidante la primera vez que la vives. Lo importante es olvidarte de que eres un extranjero para verte a ti mismo como parte de esa fotografía y de la realidad de ese momento. Porque si no, el caos es tal que te pueden llegar a dar ganas de salir corriendo. En un mismo sitio se amontonan cientos de personas para tratar de agarrar un tren. La gente grita, discute, mientras que tú lo único que quieres es llegar al vagón con tu mochila. En todos lados están los niños de la calle corriendo al lado tuyo gritando: "¡*Hello! ¡Hello, Sir!*".

El día que fuimos a tomar el tren a Puri, en medio de todo este caos, había cuatro niños que me agarraban la mochila y me halaban el pantalón. Les dije que no varias veces hasta que al fin me quité la mochila y les dije, "¡Para!"

Ellos estaban hablando bengalí. Y yo les hablaba en español e inglés. Pero ellos no hablaban ni español ni inglés. Y yo no hablo bengalí.

Entonces agarré a los cuatro chicos y les dije:

—¡Espérense! —y empecé a cantar—: *Palo, palo, palo. Palo, palito, palo es...*

Es una canción típica latinoamericana que se le canta a los niños desde muy pequeños.

Ellos se quedaron estupefactos.

—¿Eh? —me dijeron con una mirada de sorpresa en sus rostros. Pero casi de inmediato comenzaron a imitar las palabras de la canción.

—*Palo, palo, palo. Palo, palito, palo es.* ¡Canten! —les dije.

Entonces ellos imitaron mis palabras:

—*Palo, palo, palo, palo, palito, palo es.*

Ahí mismo y de manera inesperada les enseñé algo latino a esos niños. Una vez más, la música trascendía las barreras de lenguaje que de otro modo se habrían impuesto entre nosotros. Y aunque ellos no entendían nada, yo sentía que habíamos hecho una conexión. Fue un momento en el que cerramos la distancia entre nuestras culturas y tocamos algo muy profundo de nuestra humanidad.

Después del jugar un rato con los niños finalmente me despedí y me subí al tren en el medio de toda esa locura y nos fuimos camino a Puri.

Puri es un pueblo muy conocido porque allí se encuentra uno de los cuatro templos más sagrados de la cultura hindú. El templo, que existe desde hace unos mil años, se llama Shree Jagannath Puri ya que está dedicado al dios hindú Jagannatha, que es una advocación de Krishna. Al templo sólo pueden entrar los hindúes. Cada año llegan a sus puertas miles de adoradores de Vishnu-Krishna para asistir a un festival en que se monta el ídolo de Krishna en una carroza gigantesca que es arrastrada en una procesión por las calles de Puri.

La ciudad también es conocida como la Playa de Oro, debido a las arenas doradas de sus playas frente a la Bahía de Bengala. Es un sitio con unas vistas únicas donde puedes ver el amanecer y el anochecer desde el mismo lugar, sin moverte, y donde al atardecer puedes mirar el sol directamente sin que te queme la vista.

Además de todo esto, Puri es un retiro espiritual de yoga y es un centro de varias religiones. Allí se encuentran muchas *mathas* (monasterios hindúes) de las diversas ramas del hinduismo, al igual que templos cristianos, judíos y musulmanes, los unos junto a los otros. Es algo impresionante ver cómo coexisten todas esas religiones. Todos viven en ese extraordinario pueblito, y cada cual tiene su templo donde practica su religión en paz y absoluta tranquilidad.

El pueblo también es un lugar sagrado en donde la gente viene a morir para después ser cremados. En un mismo día, vi la cremación de un musulmán, cómo los hindúes hacían una ceremonia donde lanzaban un cuerpo al río y cómo un budista, un cristiano y un hindú compartían un té en un pequeño bar: mientras el monje budista llevaba una *mala* en la muñeca, el cristiano tenía colgada una cruz en el pecho y el hindú tenía la *tilaka* en la frente. Yo no lo podía creer. Para mí fue una visión tan extraordinaria que me empezó a dar vueltas la cabeza. ¿Cómo puede ser que en el mundo occidental somos tan limitados?

Venimos de una sociedad en la que se nos dice que por el simple hecho de su religión hay personas que son buenas y otras que son malas. Nos llenamos de perjuicios y estigmas culturales que están basados ¿en qué? En nada. Se nos ha enseñado que hay que tenerle miedo a cualquiera que sea diferente a nosotros... ¿por qué? Por pura ignorancia. En lugar de enfocarnos en las diferencias que existen entre los seres humanos deberíamos enfocarnos en sus similitudes, ¡que son muchas! Eso es lo que hago yo, tanto a través de mis creencias espirituales como en mi vida cotidiana. Siempre intento encontrar el denominador común y la verdad es que casi siempre lo encuentro. En el mundo existen millones y millones de culturas, ¿no es cierto? Todos somos diferentes, pero al fin y al cabo lo que importa es que todos somos seres humanos y lo único que necesitamos para vivir es tener ganas de respirar. Y cuando nos cortamos, la sangre que sale del cuerpo es del mismo color.

Lo único que yo deseo en mi vida y en la de todo ser humano es que encontremos la paz interior. Poco importa cual sea el camino que se elija para alcanzarla. Ya sea el catolicismo, el islam, el budismo, el hinduismo, el cristianismo o el judaísmo, la física cuántica, el taoísmo, el ateísmo —lo que importa es encontrar lo que funcione para cada uno de nosotros, y como cada una de nuestras mentes es un universo aparte, pues no es de sorprenderse que cada cual encuentre una manera diferente de alcanzar su propio estado de paz interior. No hay una cosa que sea mejor que otra ni una religión que sea más efectiva o válida que otra. Lo que importa es encontrar el camino propio. En el budismo hay una enseñanza que dice que lo peor que puedes hacer con tu espíritu es decirle a alguien que su fe está errada. No sólo es un acto de soberbia hacia la otra persona, es lo peor que le puedes hacer a tu propio karma. Es un concepto muy poderoso que si todos lo aplicáramos, viviríamos en un mundo mejor.

Para mí una de las grandes fallas de los seres humanos es que siempre buscamos maneras de definir a la gente para categorizarla y ponerle una etiqueta. Y en esas "categorías" creadas por el hombre, hay por supuesto cosas buenas y cosas malas. O para no encasillarlas en lo positivo o negativo al decir que son "buenas" o "malas", más bien las visualizo como frecuencias compatibles o incompatibles con las mías. Yo simplemente he decidido agarrar las cosas compatibles, aquellas que me ayudan y me alimentan el espíritu, e intento no enfocarme en lo que me quita la paz o empobrece el crecimiento del alma. Busco siempre lo que más me sirve a mí, lo que más se ajusta a mis propias creencias y a las necesidades de mi propia realidad. No me aferro a un solo tipo de creencia, religión o filosofía. Más bien me mantengo abierto a todo y me esfuerzo por siempre encontrar nuevas enseñanzas y nuevos caminos en cada lugar al que voy y cada situación en la que me encuentro. Si me limitara a ser sólo budista o sólo católico o sólo hindú, pues de alguna manera me estoy cerrando a recibir otras lecciones positivas provenientes de otras creencias y filosofías. Tuve unas experiencias muy bonitas en el catolicismo y también encuentro mucha afinidad con ciertas enseñanzas del budismo. De hecho, veo muchas similitudes entre el hinduismo y el cristianismo, y siento que en cada una encuentro respuestas a los retos con los que me enfrento en mi vida personal.

Hay una historia escrita en sánscrito que dice que Jesús —durante los llamados "años perdidos" en los que, según la Biblia, Jesús despareció y se fue a meditar—, viajó por toda la India y cruzó los Himalayas hasta llegar al Tíbet. Dicen que se unió a una caravana de aquella época y viajó por todo el Oriente Medio (cruzando por Irak, Irán, Afganistán y Pakistán) hasta llegar a la India, Nepal y luego al Tíbet. Hay decenas de datos que respaldan esta afirmación, pero el que más interesante me parece es que a su regreso del viaje, una de las cosas que hizo Jesús fue lavarle los pies a sus discípulos. ¿No es curioso? Jesús les explicó a sus apóstoles que lavar los pies al prójimo es un signo de humildad y servidumbre. De hecho, es una costumbre que existe también en otras religiones, como el islam y el sijismo, y en el hinduismo tocarle los pies a otra persona es señal de respeto. Yo no creo que algo así sea sólo una coincidencia, para mí esa información tiene una razón de ser, y cristaliza la conexión que yo mismo siento que existe entre las religiones.

EL SWAMI

En Puri el pequeño yogui nos llevó a un *asram* —un lugar de meditación— donde pasamos un tiempo estudiando yoga y compartiendo con el swami Yogeshwarananda Giri, un sabio que ha alcanzado un nivel muy alto dentro de la práctica del yoga.

El swami es un señor muy callado e irradia una luz muy especial, una energía preciosa. Tuve el honor de conocerlo porque el pequeño yogui puertorriqueño en un momento de su vida había vivido en ese *asram* y había estudiado con el maestro de Yogeshwarananda Giri, llamado Paramahamsa Hariharanada. Así como en algún momento el swami había estudiado allí bajo el tutelaje de otro gran maestro, ahora otro alumno, el pequeño yogui puertorriqueño, le estaba trayendo una nueva generación de aprendices, que éramos nosotros. Antes de ese swami había habido otro, y otro más; es hermoso pensar en que existe una larga línea de maestros y estudiantes a la cual yo estaba teniendo acceso. Pero es importante aclarar que no por haber sido estudiante del swami yo puedo enseñar las técnicas que él me enseñó, pues no estoy preparado para hacerlo. El swami nació para ser yogui: Se pasó toda la vida estudiando y preparando su cuerpo para ser yogui, y ese es su destino. Yo en cambio sólo tuve el privilegio de estudiar con él durante un tiempo; mi destino, hasta ahora, ha sido otro.

La primera vez que conocí al swami Yogeshwarananda, noté que el pequeño yogui —su discípulo— no le besó los pies, pero sí se los tocó, e hizo un tipo de oración. Vi su gesto como una demostración preciosa de humildad y respeto. Así que hice como mi amigo y me agaché y le toqué los pies al hombre. Como yo no sabía qué debía decir o hacer mientras le tocabas los pies al swami, pues me puse a rezar el Padrenuestro. Creo que fue el Padrenuestro que más rápido recé en mi vida porque se me hacía raro estar tanto tiempo arrodillado frente al maestro. Fue una situación completamente nueva para mí y no sabía bien qué hacer. Me pasaron muchas cosas por la mente como, "¿Qué dirían mis panas si me vieran en esto?", ya me imaginaba la cara de mi mánager asegurándose que nadie tomara fotos mientras esto pasaba para que no saliera en la revista *People* o algo por el estilo.

Por dentro me reía, pero luego me di cuenta que ese pequeño gesto de humildad representó mucho para mí. Yo llevaba ya varios años viviendo en un mundo de glamour, viajes, suites de hotel y aviones privados, y creo que esa humildad que viví en aquel instante era algo que necesitaba. El hecho mismo de ponerme de rodillas y tocarle los pies sucios a otro hombre fue un gesto muy simbólico para mí, muy fuerte, porque tuve que dejar a un lado mi ego y esa imagen engrandecida que tal vez yo tenía de mí mismo por todo lo que había logrado. Yo muy fácilmente habría podido tenderle la mano al hombre y decirle: "Buenas tardes, ¿como está usted?". Pero no. Me arrodillé en el piso y le toqué los pies, y desde ese instante sentí que algo vibró dentro de mí. Sentí que estaba haciendo lo correcto y fue así que comencé el largo camino de volver a conectarme con mi ser más profundo. Llevaba demasiados años separando a la persona pública de la persona privada y por fin estaba encontrando la manera de reconciliar esos dos polos de mi existencia.

Con el swami estudié kriya yoga, un tipo de yoga muy pasivo, de mucha reflexión. No es una forma de yoga que exija mucha actividad física, sino más bien un proceso de exploración interna. Fue a través de ese proceso que el swami me ayudó a abrir el llamado *kundalini* —una energía evolutiva, invisible e inconmesurable que sube por la columna vertebral atravesando las siete *chakras* del ser. Es bien loco porque se supone que a través de la práctica del kriya yoga uno puede llegar a escuchar los sonidos del cuerpo. Según la ciencia del kriya yoga, el cuerpo está poblado de sonidos y flujos de energía que vienen y van; lo que pasa es que nosotros, con nuestro afán de vivir en el mundo moderno, los ignoramos. Pero esos sonidos del cuerpo son en realidad lo que ellos llaman el sonido del silencio, que cuando logras escucharlos, puedes conectarte con tu propio centro y ahí encontrar tranquilidad, serenidad y paz.

El silencio es en realidad una nota, una sola nota. Es la nota que escuchas cuando apagas todas las luces y todos los aparatos de tu casa, cuando te quedas a solas y te acuestas en tu cama a dormir. Ese sonido que escuchas en ese momento, ese es el sonido del silencio. Y ese es el sonido que se busca escuchar a través de la práctica. Esa es la nota que yo busco en mi meditación, la que me concentra y me aleja de todo lo que está a mi alrededor. Y eso es lo que el swami me enseñó.

Cuando llegué a ese *asram*, en ese pueblo al lado del mar en una esquina de la India, yo no sabía nada de esto. Yo me había ido a la India de paseo porque me parecía un país interesante, porque necesitaba descansar, porque las palabras del pequeño yogui me habían despertado curiosidad. Pero no tenía ni la menor idea de lo que estaba buscando. Ni me imaginaba todo lo que iba a aprender. De hecho, mi visión era tan simple que como se me había dicho que el swami era un maestro de yoga, pensé que lo que me iba a enseñar era a estirarme y a poner el dedo gordo del pie en la oreja.

Es que tal como conocemos el yoga en los países de Occidente, hoy en día se ha prostituido de una manera alarmante. Ahora es un simple negocio y cualquiera se puede convertir en instructor de yoga. Basta con pagar $500 y ya sacas una certificación. Pero en la India, el país de origen del yoga, la gente que lo enseña se ha preparado toda una vida para hacerlo. No digo que el yoga comercial sea malo —si eso te da resultado y es lo que te da la paz y la tranquilidad que ansías, adelante. Pero como tuve la suerte de aprender de un sabio que me explicó toda la filosofía en la que está basado, ese es el yoga que yo practico.

Sólo pasé cuatro días con el swami en ese viaje, pero fueron cuatro días que me cambiaron la vida por completo. Todos los días hacíamos una ceremonia en la que él repetía varios mantras en sánscrito con el propósito de ayudarme a encontrar ese sonido divino, el sonido del silencio. Una vez que encuentras ese sonido del silencio y eres capaz de escucharlo en cualquier situación, ya sea que estés en una estación de tren rodeado de gente o solo en tu habitación, puedes avanzar a ver el péndulo divino y sentir la vibración divina. El péndulo divino es algo que siempre llevamos dentro, es una frecuencia que cuando uno cierra los ojos va de un lado al otro, de oído a oído. Solamente con práctica logras apreciarlo. Y, luego, con más práctica logras sentir la vibración divina que es la vibración de la circulación en tu cuerpo.

Todo comienza con el silencio. Una vez encuentras el sonido del silencio, logras separarte de todo lo físico y todo lo que está a tu alrededor. Entonces puedes avanzar hasta el siguiente nivel —la vibración divina y el péndulo.

En ese momento cuando él me lo enseñó, creo que no sólo encontré mi centro, sino que me conecté con la energía del universo. Él se sentó a mi lado y me puso las manos en los oídos, y automáticamente lo escuché —esa nota aguda, que venía desde muy dentro de mí. Luego el swami me puso una mano en la espina dorsal y otra en el pecho y me preguntó:

—¿Lo sientes?

Y en ese momento preciso, ¡sentí la vibración! Luego me puso las manos en los ojos y pude ver el péndulo, tal como él me lo había explicado.

Entonces pensé, "¿Qué es esto? ¡Este hombre es un mago!".

Después lo intenté hacer solo y no podía. Entonces él me dijo:

—Sigue tratando. Sigue meditando. Porque con la práctica se llega, con la práctica todo se logra. Cuando venga el final de los finales todos se van a tirar al piso a rezar. Cuando venga el caos, cuando se esté acabando el mundo con tsunamis y huracanes y tornados, la gente va a juntarse y va a empezar a rezar. Esa será su forma de enfrentar lo que está por venir. Pero tú... tú te vas a sentar y vas a encontrar el sonido del silencio. Sentirás la vibración divina en tu cuerpo y verás el péndulo. El mundo se podrá desmoronar a tu alrededor, pero tú estarás enfocado y en paz.

No volví a sentir lo que viví con el swami, seguramente por falta de práctica, pero lo que sí me quedó vibrando en mi interior fue su gran enseñanza. Aplicando lo aprendido en aquel viaje, siento que el verdadero significado de sus palabras es que no importa cuánta bulla o cuánta gente haya a tu alrededor, si estás balanceado puedes estar sentado hablando con alguien y encontrar ese sonido del silencio. Si te lo propones, un carro de la policía puede pasar al lado tuyo con la sirena chillando a todo dar y tú no la escucharás. Hasta puede aterrizar un avión en el techo de tu casa y tú no te enterarás. Ese es el poder del silencio. Mientras lo escuchas puedes desconectarte de tu cuerpo y conectarte con tu alma a la vez.

Antes de ir a la India, casi nunca pasaba tiempo a solas o en silencio. Cuando entraba a una habitación de inmediato prendía el televisor aunque no lo fuera a mirar para que me acompañara. La bulla, los sonidos, se habían convertido en una droga para mí pues así me anestesiaba, así me mantenía ajeno a lo que sucedía en mi interior porque me daba miedo ver qué cosas feas iba a descubrir. Pero después que regresé de la India, comencé a buscar lo opuesto. Quería silencio. *Necesitaba* silencio. Todas las mañanas me tomaba entre treinta y cinco minutos y una hora para hacer yoga y meditar, y hacía lo mismo al atardecer. Esos momentos se volvieron una parte sagrada de mi día y el saber que los tenía me ayudaba a sentir mucha más calma cuando estaba en medio de la locura. Me enseñaron a enfrentarme a mí mismo para derrumbar, uno a uno, los miedos que me hacían huirle a mi propia verdad.

Pero, desafortunadamente, después de un tiempo de haber regresado a casa, volví a mi vieja rutina. Si normalmente me tomaba treinta minutos o una hora para meditar, poco a poco se fue convirtiendo en veinte, luego diez, hasta que dejé de meditar. ¿Será que esos minutos en silencio me acercaban demasiado a mi verdad? ¿Aquella verdad que tarde o temprano tenía que enfrentar? Tal vez. Pero si hay algo que es obvio es que aún no era mi momento.

TRES NIÑAS

MI SEGUNDO ENCUENTRO con las enseñanzas mágicas de la India me vino a finales del año 2000. Llevaba dos años trabajando sin parar: desde mi último viaje a la India había sucedido la presentación de los Grammys, el lanzamiento de *Ricky Martin* (en inglés), el éxito inusitado de "Livin' La Vida Loca", la grabación de *Sound Loaded* y todo el trabajo de promoción de ese segundo disco en inglés. Ahora estaba en medio del tiempo libre que había decidido tomarme para pensar y descansar, sin saber realmente qué era lo que quería hacer.

Una vez más, no tuve mucho tiempo para pensar al respecto porque el destino ya me tenía reservado el siguiente paso. Un día estando en mi casa —uno de esos días en los que me estaba sintiendo particularmente triste y desganado— recibí una llamada de un colega que vivía en la India.

—Ricky, quiero que veas lo que estoy haciendo aquí en Calcuta —me dijo—. Fundé un orfanato para niñas.

Por esos días yo no tenía ganas de nada. Lo único que quería era quedarme encerrado en mi casa en pijama, viendo películas, escuchando música, durmiendo. Hoy en día me doy cuenta de lo mal que estaba; veo fotos que me tomaron durante esa temporada y casi ni me reconozco. Mis ojos parecen de cristal, están completamente vacíos, y mi sonrisa se ve completamente falsa.

Sin embargo, la perspectiva de ir a la India me hizo brincar. No sé, tal vez fue por la paz que había sentido allá antes o por lo que me estaba contando mi amigo, pero algo en mí me hizo decir: "Tienes que hacer esto". Era como si a un nivel casi orgánico yo supiera lo que me esperaba.

—¡Qué maravilla! —le dije con un entusiasmo renovado—. ¡Allá voy!

En cuestión de días ya estaba montado en un avión. Llegué a la India pero esta vez no estaba preparado para encontrar lo que encontré.

El orfanato era un lugar precioso, pintado, decorado, con cantidad de espacio para jugar y estudiar. Había una escuela de música, una escuela primaria y secundaria, daban clases de cocina para las que no querían estudiar... era un sueño de lugar. Cuando terminé de recorrer el lugar le dije a mi amigo:

—¡Pero tú lo que tienes aquí es un Disney World para niñas!

Mi amigo fundó una institución fantástica que ofrece cuidado y educación a las niñas desamparadas de Calcuta. La labor que ha hecho allí es increíble, algo inspirador. Él se dedica a rescatar niñas de las calles más tenebrosas de la ciudad y les ofrece un lugar donde vivir, una alternativa a la vida que llevan.

A mi amigo no le importó que yo acabara de llegar y que estuviera cansado y, encima de todo, con jet lag: de inmediato me propuso que lo acompañara a rescatar niñas de la calle. Y aunque yo no entendía bien cómo lo íbamos a hacer, por supuesto acepté.

Salimos a explorar las calles. Fuimos por todas las esquinas de los barrios más pobres de Calcuta y nos metimos por calles estrechas y sucias, abriéndonos paso por entre la muchedumbre, buscando niñas abandonadas, o peor. Era impresionante ver los lugares donde solían vivir. En los tugurios de Calcuta, cuatro ramas y un trozo de plástico son una casa, y si tienes un trozo de plástico para protegerte de la lluvia eres de los afortunados. Mucha gente ni siquiera tiene eso.

Entonces le pregunté a mi amigo:

—¿Por qué rescatas sólo niñas? ¿Por qué el centro sólo tiene niñas y no niños? ¿Acaso los niños no necesitan ayuda también?

—Mal que bien, los niños de Calcuta sobreviven —me explicó—. Piden limosna o trabajan o se las arreglan para sobrevivir de una u otra manera. Las niñas también son fuertes e ingeniosas, pero a ellas muchas veces se les obliga a entrar en la prostitución y eso es lo que yo quiero evitar.

—¿Pero cómo puede ser? —le pregunté yo—. Estamos hablando de niñas de cuatro o seis años... ¿cómo puede ser?

—Desafortunadamente, así es —me respondió—. Es horrible, pero la verdad es que existe mucho. Hay hombres que están dispuestos a pagar por violar a una pequeñita de cuatro años.

No tuvo que decir más.

Anduvimos por esos barrios hasta que nos encontramos con un grupo de mendigas que son exactamente el tipo de niñas que corrían el riesgo de caer en la prostitución infantil. Se trataba de tres niñas y su mamá. Vivían bajo una bolsa plástica que de un lado estaba clavada en la pared de concreto de una casa y del otro estaba amarrada a un palo. Estaba lloviendo y allí, debajo de ese pequeño techo improvisado, estaban la mamá y las tres niñas, una de las cuales estaba bien enfermita. No había tiempo que perder. Nos sentamos con la mamá y, a través de un chico que le iba traduciendo todo al bengalí, le explicamos la situación. Le explicamos por qué pensábamos que sus hijas estaban en riesgo, lo que podía llegar a pasar y la alternativa que podíamos ofrecerles a través de la fundación. La madre entendió y estuvo de acuerdo, así que recogimos a la madre y a las tres niñas —incluyendo a la que estaba enfermita— y nos las llevamos corriendo para mi hotel.

Pero cuando entramos al hotel nos dimos cuenta de que la gente nos miraba con cara de asco. Claro, era un hotel elegante y me imagino que les molestaba ver a por lo menos diez occidentales entrar con unas niñas mendigas en ese ambiente refinado. Pero yo estaba tan preocupado por ellas que no me importó ver la cara que me hacían al verme entrar con dos niñas cargadas en mis brazos y con la madre detrás de mí cargando a la niña moribunda. Una chica que también trabajaba en el orfanato como voluntaria y que luego se convirtió en una gran amiga mía, les dijo, "Son mis huéspedes", y eso les tuvo que bastar.

Obviamente no les gustó nada que yo me las llevara a la habitación, pero creo que por una mezcla de hospitalidad y respeto no tuvieron otra opción que dejarme pasar.

Al llegar a mi habitación mandamos a llamar al doctor del hotel que subió de inmediato. Pero cuando ese señor entró a la habitación y vio quien era que necesitaba su atención, dijo:

—¡En el nombre de Dios! ¿Qué es esto?

—Bueno —le dije—. Son tres niñas con su mamá, y una de las niñas necesita su ayuda, está muy enferma.

Las tres niñas habían sido mordidas por ratas. Las dos grandecitas estaban sucias y flacas, pero estaban en un estado de salud relativamente aceptable. Sin embargo, la chiquita, que tenía aproximadamente cuatro o cinco años, parecía estar a punto de morir. Se le iban los ojos para atrás y estaba monga como una muñequita de trapo.

Miré al doctor.

—La pequeña necesita que le demos algo —le dije—. Yo no sé que es lo que tiene, pero por favor haga algo.

El médico ni se acercaba a la niñita.

—Bueno —me dijo, señalando una servilleta que quedaba cerca—, por favor agarre ese trapo y límpiela.

—Pero, ¡Señor! —le respondí—. Si de limpiarla se tratara, ya yo lo habría hecho hace rato. Yo lo que necesito es que usted la examine y me diga qué es lo que tiene esta niña. Necesito que le revise los ojos, los oídos, la temperatura... lo que sea que tiene que hacer para que me diga si se trata de una enfermedad, una infección, ¡o que me diga qué es lo que es!

Pero él seguía sin tocarla...

—Es que yo no sé... —decía aquel hombre que se hacía pasar por doctor.

—¡Mire! —le dije en un tono más fuerte—. Yo tengo antibióticos que traje conmigo de Estados Unidos. Se los puedo dar. Pero yo no soy médico, ¡y necesito que usted me diga ya qué es lo que necesita!

—Yo no sé... — seguía diciendo ese pretexto de médico.

Entonces no aguanté más y le dije:

—¿Sabe qué? No necesitamos a alguien como usted. Váyase, por favor.

Se viró sin ninguna vergüenza. Agarró sus cosas y salió huyendo por la puerta, dándome las gracias mientras se largaba.

Yo no lo podía creer. Siempre había pensado que la labor de un médico es salvar vidas, cualquier vida que necesite ser salvada. Pero aparentemente este "médico" sólo era médico con quien se le daba la gana ser médico. Según el sistema de castas de la India, esas niñas y su madre son "intocables" (la casta más baja), y así se tratara de una situación de vida o muerte, ese médico no las iba a tocar. La jerarquía de las castas es un concepto que está muy arraigado dentro de su cultura y que tiene su razón de ser a pesar del hecho que no lo puedo entender. Pero así es. No pretendo emitir un juicio, ni mucho menos, simplemente según la manera en que yo fui criado, y las muchas cosas que he visto en este mundo, me parece algo difícil de comprender.

Logramos pasar la noche y al otro día llegó el doctor del orfanato y él, por supuesto, no tuvo ningún problema en examinarla. Le miró los ojos, le tomó el pulso y, después de revisarla bien, me dijo:

—Lo único que tiene esta niña es un virus estomacal.

—¿Cómo puede ser? —le pregunté sorprendido. La gran mayoría de nosotros nos enfermamos del estómago cuando nos comemos un pollo que no está bien cocido o unos camarones mal lavados, pero estas niñas... estas niñas nacen en la calle y son capaces de comer cualquier cosa que se les pase por delante. ¡Sus estómagos son de hierro! ¡Sabrá Dios qué se habrá comido para quedar así de moribunda!

—Te lo aseguro —me respondió—. Lo único que le pasa a esta pobre niña es que comió algo de sabe Dios dónde, y por eso le dio un virus estomacal. Sólo necesita tomarse este medicamento y en un par de horas ya estará bien.

Así que se tomó el medicamento y a las dos horas esa niñita ya estaba corriendo de un lado a otro de la habitación, trepándose encima de mí. Agarraba el control de la tele y preguntaba qué era todo.

Ese día durmieron en el hotel en la habitación de mi gran amiga. Al día siguiente nos llevamos a las tres niñas con su madre al orfanato, que no queda en Calcuta sino a como una hora de la ciudad. Fue precioso porque cuando llegamos el resto de las niñas salieron a darnos la bienvenida. Estaban todas muy bonitas, vestidas con sus uniformitos y guirnaldas de flores alrededor del cuello. A cada uno de los que llegamos también nos pusieron guirnaldas.

Hasta el día de hoy, esas tres niñas viven en el hogar y allí son felices. Más adelante también entró al hogar su hermana mayor, pues ella se había escapado en el momento en que llegamos a recoger a las niñas. Le dio miedo pues no sabía cuáles eran nuestras intenciones, pero una vez que vino a visitar a sus hermanas junto con su mamá y vio lo bien que estaban allí, decidió quedarse también.

La madre, sin embargo, sí volvió a las calles. Una mujer española que se enteró de la situación le regaló un apartamento para que dejara las calles, pero después de tan sólo una semana de vivir ahí decidió que volvería otra vez a su esquina en la calle para pedir limosna. "Yo estoy tranquila aquí", le dijo, "esto es lo que yo conozco. Déjame tranquila. Yo no necesito más nada".

Y aunque esté en la calle, ella sigue siendo una gran madre. Visita a las niñas los fines de semana y mantiene una relación con ellas. Aunque estén viviendo aparte, ella parece estar feliz de que sus hijas están viviendo en mejores condiciones que las que ella les podía dar.

Hoy en día yo soy el patrocinador de las tres niñas más pequeñas, y así he podido ayudar a que sus vidas sean un poco mejores. Ellas son felices, pero lo que no saben es que lo que ellas me han dado a mí va mucho más allá de lo que yo jamás les pueda dar. Me dan fuerzas, me dan esperanza, me hacen ver lo verdaderamente bella que es la vida, porque estas niñas me enseñaron que para vivir lo único que uno necesita son ganas de respirar.

Todo en la vida llega a su momento. Esas niñas llegaron a mi vida en el momento que más las necesitaba, para tirarme un cable a tierra, al igual que un toque de simplicidad. Me hicieron replantear mis prioridades y me enseñaron que la belleza de la vida está, por lo general, en las cosas más sencillas. Ellas llegaron en un momento de mi vida en el que yo quería complacer a la compañía disquera, complacer a los miembros de mi equipo, complacer a mi familia y mis amigos... pero de lo que no me daba cuenta era que por querer darle el gusto a todo el mundo yo me estaba traicionando a mí mismo porque no estaba pensando en mí, en lo que yo en realidad necesitaba para ser feliz. Yo pensaba que mi felicidad consistía en darle gusto a los demás, y eso fue lo que me aplastó por un tiempo. Con las niñas aprendí que en realidad la felicidad aparece en los momentos en que uno se logra desprender de todas esas complicaciones.

Ellas me decían: "Ven y siéntate en el piso. Vamos a jugar". Tenían sólo tres piedras, y con eso jugábamos. Entonces, ¿cómo es que nosotros necesitamos todas estas cosas —computadoras, videojuegos, televisores, equipos de sonido, carros— para pasarla bien? Estas niñas me enseñaron a que si la ropa está planchada, está bien. Y si no esta planchada, está bien también. La gran mayoría de las cosas que consideramos "importantes" en realidad no son tan importantes cuando miras el todo. La vida es tan complicada como queramos que sea.

Después que conocí a esas niñas y descubrí la sencillez con que vivían, la inocencia que aún llevaban en el alma a pesar de las vidas tan duras que habían vivido, sentí un deseo inmenso de reconectarme con Kiki, ese niño que abandoné al montarme en el avión esa mañana lluviosa en San Juan. Hay algo bellísimo en esa inocencia, esa sencillez de la infancia, y me parte el alma saber que hay niños a los que se les arrebata ese derecho primordial de ser niños.

ENCONTRAR EQUILIBRIO

CUANDO MIRO HACIA atrás, me doy cuenta de que esos dos viajes a la India me marcaron de manera muy profunda. En realidad podría pensar que fue una coincidencia que ambas experiencias las viviera en ese extraordinario país, pero muy en el fondo de mi corazón, sé que no es así. Sé que el cosmos me envió estas lecciones porque así tenía que ser y porque hay algo en ese país, en sus colores, su gente y su energía, que vibra en la misma frecuencia que mi alma.

Todo lo que le pido al cosmos llega cuando debe llegar. Tardé en comprenderlo, pero ahora que lo sé y lo he integrado en mi propia filosofía de vida, vivo con mucha más tranquilidad. En lugar de preocuparme por lo que puede ser o lo que pudiera haber sido, me enfoco en mi presente y en lo que necesito para alcanzar mi propia felicidad, porque sea lo que sea que me haga falta, sé que el cosmos me lo va a enviar.

Fue gracias al silencio que encontré a través de las enseñanzas de mi swami que pude por primera vez mirarme al espejo y ver realmente quién yo era. En la paz y la tranquilidad del *asram*, los ritos diarios de limpieza, de cocina, de meditación, encontré la burbuja de silencio que necesitaba para reconectarme con el niño que una vez fui. Pude abrirme al universo para escuchar lo que me estaba diciendo, y lo que descubrí fue un mundo de belleza y transparencia. A partir de ese momento encontré el equilibrio que tanto había añorado, y por primera vez comprendí que lo que más quiero de la vida es dar —y dar de esta forma tan concreta— porque al fin y al cabo esa es la mejor forma de recibir.

En la India encontré lo que considero que son las tres claves de la vida: serenidad, sencillez y espiritualidad. Comprendí la enorme bendición que es mi vida y descubrí que la verdadera riqueza no está afuera, sino adentro. A partir de ese momento el agradecimiento se volvió gran parte de mi vida y en lugar de esconderme a mí mismo todas las cosas que me causaban dolor o incomodidad, empecé a enfrentarlas de cara al viento y sin temor.

SEIS

EL PAPEL
DE MI VIDA

ME IMAGINO QUE NO SOY EL ÚNICO, PERO PASO MUCHO tiempo buscando cuál es mi misión en esta vida. Claro, quiero tener un trabajo que me apasione, una familia que me quiera, unos amigos que me apoyen... pero en el fondo, sepultado bajo todas esas cosas que son más necesidades que otra cosa, está mi deseo de contribuir al mundo de una manera más profunda y duradera. Al fin y al cabo mi paso por la tierra durará poco tiempo y querer dejar una huella es algo muy natural.

Durante mucho tiempo pensé que mi manera de contribuir al mundo, de dar las gracias por todos los milagros y favores recibidos, era a través de la música. Cuando me paro a cantar en un escenario frente a cientos de miles de personas, siento una vibración humana muy poderosa. La música me permite conectar con el público a un nivel muy visceral y siento que a través de ella transmito toda mi esencia, todo mi ser. Es un privilegio único poder sentir lo que yo siento cuando estoy allá arriba y en ese sentido siempre he creído que esa es mi misión: dar alegría, ritmo y movimiento a los demás.

Pero después de mi último viaje a la India comencé a darme cuenta de que eso no era suficiente. Aunque estar en el escenario me daba una satisfacción inmensa, es una satisfacción más que nada para mí mismo. Las niñas y mis experiencias allá en ese país, me enseñaron lo que me faltaba.

ENCONTRAR MI CAUSA

Estaba en un punto de mi vida en el que me estaba cuestionando todo. La sensación de ayudar a las niñas había sido tan fuerte que ya no sabía si la música era realmente mi misión o si era sólo una herramienta que me ayudó a encontrar el camino a la filantropía y a la protección de los más indefensos. Regresé de la India pensando en lo que había dicho mi amigo y cómo esas tres niñas fácilmente podrían haber sido víctimas de la trata humana. Al volver a mi casa me pasé tres días durmiendo por lo agotado que estaba después de todo lo que había visto. La experiencia con las tres niñas me había sacudido de manera muy profunda y yo todavía no sabía cómo iba a encajar ese nuevo conocimiento que había adquirido con el resto de mi vida. Sabía que no quería seguir con mi vida como antes y que tenía que hacer algo, pero todavía no sabía qué.

Cuando por fin me levanté de la cama, después de descansar lo que pareció ser una eternidad, me puse a investigar. Me metí a Internet y comencé a leer todo lo que pude encontrar acerca de la trata humana. Descubrí que este no es un problema que sólo sucede en la India sino que es una epidemia que ocurre en cualquier país del mundo. Me di cuenta de que en realidad no es un problema de riqueza o de pobreza, sino que es un problema de valores, un problema de derechos humanos —lo cual lo hace aún más trágico.

Siempre y cuando haya gente que siga creyendo que puede explotar a un niño o una niña por el simple hecho de que es joven e indefenso, existirá este tipo de crimen.

Mis lecturas despertaron mucho coraje, rabia y frustración en mí, y fue a raíz de eso que empecé a educarme sobre la trata humana. Investigando descubrí que cada año más de un millón de niños son víctimas de los traficantes. ¿Sabes lo que significa eso? Más de un millón de niños, ¡todos los años! Eso quiere decir que cada día, casi 3.000 niños son secuestrados, vendidos, abusados y sabe Dios qué más. Y en medio de todo eso, las más afectadas son las niñas. Hay hombres que pagan $15.000 por la virginidad de una niña de ocho años. Que haya hombres que piensan así para mí es insólito y, en mi opinión, todo el que permita que eso suceda y siga sucediendo merece ir a la cárcel.

Después de haber hecho todo este estudio y de haber comprendido realmente qué está en juego y qué se puede hacer, me fui a Washington D.C., donde conocí a quienes hasta el día de hoy han sido mis mentores en el tema de la trata humana. Ellos me enseñaron todo lo que necesitaba saber para colaborar eficazmente con esta causa de manera real y me han guiado para que yo los pueda apoyar de la mejor manera posible.

Así fue que empecé a trabajar por la causa. Yo siento que al comienzo también había un poco de egoísmo en mi gesto de querer ayudar, pues lo hacía en gran parte porque necesitaba desahogarme del dolor que yo sentía al enterarme de esta tragedia. Estaba necesitando una catarsis, una manera de deshacerme de esa angustia, del coraje, de la frustración que sentí al ver lo que podía haberles pasado a mis tres niñas y a los miles de millones de niños que todos los días sufren a manos de adultos abusivos. Es que es una situación que da mucha rabia. Uno se enoja porque la sensación es como de ir en contra de la corriente. Hay tanto, tanto trabajo por hacer que yo sentía que cualquier cosa que hiciera no era más que una gota en el mar. Ese niño que salvas es uno, pero todos los días hay miles más que siguen siendo forzados a entrar en el mundo de la prostitución o que son convertidos en esclavos sexuales—porque esta es la esclavitud moderna, y lo más triste es que existe en todos los pueblos de todos los países.

Entonces, ¿qué se puede hacer?

Cuando yo me interesé por esta causa, sabía que no iba a ser fácil. No era que la situación estuviera siendo ignorada por completo, porque sí se ha hablado y se ha escrito mucho del tema desde hace años. Sin embargo no existe mucha conciencia sobre la gravedad de lo que está sucediendo. El crimen sucede de muchas formas: el término "trata humana" incluye las fábricas que explotan a los obreros, la prostitución, el trabajo forzado, la explotación sexual de menores, la servidumbre y el tráfico de órganos. Dentro de la prostitución está la prostitución de los niños y la pornografía infantil. Es una pirámide que tiene muchos niveles.

Mientras más estudiaba, más encontraba. Me informé hasta de los detalles más pequeños, y de ahí fue que nació el proyecto de People for Children, a través del cual nos dedicamos a defender a los niños que están siendo explotados o que están en riesgo de serlo. Este proyecto, que ya lleva varios años en funcionamiento, nació del coraje que me dio lo que vi y de la inspiración que recibí de la gente que conocí. Es mi manera de aportar a la causa, aunque sé que el trabajo que hacemos nunca es suficiente. Quisiera poder hacer mucho más.

NACE MI FUNDACIÓN

PEOPLE FOR CHILDREN nació en 2002 como parte de una fundación que ya existía, la Ricky Martin Foundation (Fundación Ricky Martin). Esa organización se fundó para ayudar a niños discapacitados en Puerto Rico. Ese fue un proyecto en el que colaboramos con la organización Easter Seals/SER de Puerto Rico a través de la cual se creó un centro de rehabilitación para niños. Lo que pasaba era que Easter Seals/SER ya tenía un centro de rehabilitación en la capital. Pero hay niños que están en el interior de la isla que no podían llegar a ese centro por la distancia. Entonces creamos un centro de rehabilitación en Aibonito, un pueblo que queda en el medio de la isla a donde pudieran llegar las personas de las zonas más retiradas. Desde que abrió sus puertas ha hecho posible que muchos niños puedan recibir tratamiento que antes no les era posible conseguir.

Poco después, cuando la fundación ya estaba andando, decidimos ampliar el espectro de sus funciones para traerles nada más y nada menos que música a los niños de Puerto Rico. Y como tantas cosas en mi vida, el proyecto nació de una casualidad. ¿O sería una causalidad?

Mi sobrina, que en esa época estaba en una escuela de artes, es flautista y me estaba enseñando la flauta que le había comprado su papá. Pero mientras estábamos hablando, también me comentó algo que me sorprendió: me dijo que a veces tenía que prestarle su flauta a sus compañeros de la escuela porque muchos de ellos no tenían. ¡¿Como?!, pensé yo. Una isla como Puerto Rico, con la tradición musical tan bella que tiene, ¡y los niños no tienen instrumentos! Entonces investigué un poco el tema, me informé de lo que es la educación musical en las escuelas de la isla y me di cuenta de que simplemente no existía. Llamé varias veces al Departamento de Educación de Puerto Rico y descubrí que en aquel momento no había un departamento de música, y si lo había, pues simplemente no me contestaron la llamada. No sé si las cosas han cambiado desde ese entonces, en todo caso así lo espero. Investigando un poco más descubrimos que algunas escuelas, por su lado, sí tenían su departamento de música con clases y algunos instrumentos, pero por lo general los instrumentos eran viejos o estaban en mal estado y casi nunca había suficientes. Como en muchas partes del mundo, los fondos destinados a la educación nunca son suficientes, y mucho menos para la música. Y así fue que nació la Fundación Ricky Martin. Lo primero que hicimos fue formar una alianza con Yamaha y FedEx para recaudar un millón de dólares en instrumentos musicales para las escuelas de Puerto Rico. Y así fue. Desafortunadamente no pude asistir a la entrega de los instrumentos, pero mi hermano y una amiga, Mireille Bravo, que fueron quienes se encargaron de todo el programa, organizaron para que pusieran todas las cajas de los instrumentos en medio de la cancha de básquet. Fue todo un éxito porque llegaban todos los estudiantes y decían *"¡wow!"* al ver todas las cajas. Hasta los estudiantes que no estaban inscritos en clases de música se inscribieron para poder utilizar los instrumentos nuevos. Los maestros no podían creerlo cuando vieron todo lo que llegaba y, a nivel personal, yo quedé muy satisfecho de ver que estábamos haciendo algo por los futuros músicos de mi isla.

Así fue como con la Ricky Martin Foundation empecé

con mi trabajo filantrópico, que hasta el día de hoy juega un papel esencial en mi vida. Hoy en día la fundación abarca muchas áreas —no podemos hacerlo todo, pero hacemos lo que podemos. Uno de los proyectos que estamos desarrollando en Puerto Rico es el de construir un centro holístico en Loíza, un pueblo de la costa norte de la isla en donde hay muchos conflictos entre pandillas rivales. La idea es que se construya un lugar donde podamos mantener a estos muchachos ocupados para que no se metan en problemas. El centro va a tener salones de clase pero a la misma vez va a ser un lugar donde les vamos a enseñar meditación, yoga, artes plásticas y todo tipo de actividades que los mantenga ocupados. Yo considero que uno de los problemas más graves para los jóvenes de nuestra sociedad es el ocio. Cuando tienen demasiado tiempo libre, tienen tiempo para meterse en problemas, entonces lo que nosotros queremos es crear un lugar que los mantenga ocupados, un lugar que sea como un parque de diversiones para niños y jóvenes de cero a dieciocho años. Queremos dar apoyo a las chicas jóvenes que están embarazadas para que tengan sus hijos en un ambiente sano. La idea es comenzar a sanar esas heridas que se han abierto en la sociedad y que los chicos de las pandillas que se están matando entre ellos comiencen a darse cuenta de que sus supuestos enemigos no son sino chicos igual que ellos. En junio de 2009 la Fundación RTL de Alemania seleccionó nuestra propuesta para la construcción del centro como el proyecto internacional (junto con cuatro otros proyectos europeos) que apoyarán con los fondos recaudados a través de su renombrada telemaratón. Es un proyecto a muy largo plazo que nos tomará mucho tiempo implementar, pero lo estamos haciendo con mucho amor.

Hay tanto por hacer que hay que empezar por algún lado. Desde el momento en que empezamos la fundación era como si le hubiera lanzado al universo el mensaje de que yo quería hacer algo, entonces se me fueron apareciendo diferentes maneras en que podía ayudar. Uno sólo tiene que decir, "Quiero hacer algo", y *¡pum!*, te empiezan a aparecer las oportunidades. Luego es cuestión de elegir cuáles son las cosas que más te importan a ti, porque es que hay tanto por hacer. Yo empecé con la música y un centro de rehabilitación para niños discapacitados. Eso ya era educación y salud, dos causas que para mí son muy importantes. Más adelante vino la justicia social.

Sólo sé que el hecho de dar me hacía sentía maravillosamente bien. Me daba más satisfacción que cualquier otra cosa que yo hubiera hecho hasta entonces. Y sé que se podía hacer mucho más, pero con lo poquito que habíamos hecho, ya había visto tantos resultados que eso me llenaba de alegría. Hacía bien, y me hacía bien hacerlo.

A pesar de que yo dedico todo el tiempo posible a trabajar con la fundación y logramos muchos resultados, todavía no siento que sea suficiente y siempre estoy buscando la manera de hacer más. Pero de momento pasan cosas como, por ejemplo, recibir una llamada de un colega en la India y así enterarte de lo que es la trata humana. Y el coraje que te da te empuja, y sabes que tienes que hacer más. No importa cuál sea la causa que te interese o te inspire a aprender más, ojalá el hecho de saber que estos problemas son tan difíciles de erradicar sea suficiente inspiración para que todos hagamos todo lo posible y un poco más.

LOS HORRORES DE LA TRATA HUMANA

Cuando comenzamos a trabajar con el tema de la trata, uno de los obstáculos que tuvimos que afrontar es que la trata es un problema tan grande y tan feo, que muchas veces es difícil hacer que la gente se fije en lo que está sucediendo. Es como mirar a un campo de batalla. Es tan doloroso que la gente aparta la mirada. A mí me pasó lo mismo la primera vez que lo vi, me dije, "¿Qué es esto? ¿Hay gente que compra y vende el sexo de un niño de cuatro años? Esto no puede ser". Pero así es. Y no por ser un tema tan horrible debemos dejarlo a un lado. Es exactamente por eso que lo debemos atacar de frente, a consciencia y con los ojos bien abiertos.

A mí, como a muchas otras personas, a menudo me pasa que cuando me entero de las cosas tan atroces que existen en este mundo, me dan ganas de salir corriendo. No quiero saber qué es lo que está sucediendo porque no estoy preparado para escuchar. Como todos, yo también tengo mis propios problemas, y puede llegar a ser difícil pensar en qué puedo hacer al respecto. Pero he descubierto que mientras más leo y más me informo, mejor preparado me siento para afrontar la realidad y contribuir a encontrar una solución al problema.

Entonces, cuando estoy buscando el apoyo de los demás, lo que he descubierto que tengo que hacer es irles pintando la historia poco a poco: voy contando los hechos, añadiendo detalles, explicando, hasta que por fin pueden ver la realidad de la situación y la comprenden. Aunque por un lado soy bien crudo a la hora de describir y plantear el problema, tengo que tener cuidado porque sé que hay mucha información y no quiero que la gente se intimide. Al contrario, yo lo que quiero es que el mundo se interese. No voy a pintar el problema color de rosa sólo para que me presten atención, pero sí lo voy a presentar de la mejor manera posible para que comprendan la realidad del problema, tal como es. Yo sé que no puedo perseguir a los políticos y ciudadanos del mundo y forzarlos a escucharme, pero hay que saber llegarles para que escuchen y para lograr convencerlos de que todos unidos podemos cambiar la situación.

Quiero que el mundo entienda que existe la explotación, que hay hombres y mujeres que van en busca de los servicios sexuales de un niño y están dispuestos a pagar por ello. En Camboya conocí a una muchacha de catorce años que había sido violada y traficada. Era una niña hermosa. Le habían dicho, "Si vienes conmigo te vamos hacer modelo y el dinero que ganarás se lo vamos a mandar a tu abuelita para que ella pueda conseguir la medicina y la terapia que ella necesita para su enfermedad". Ante esa alternativa, sobra decir que la niña no dudó en aceptar su propuesta. Le estaban ofreciendo un destino soñado y, además de eso, una solución para la enfermedad de su abuelita. ¿Cómo decir que no? Pero la realidad, claro, fue otra. Se la llevaron y la metieron a un prostíbulo donde llegó un tipo asqueroso que la violó y la embarazó y la contagió con VIH (el virus de la inmunodeficiencia humana). Si no la hubieran encontrado y llevado a un orfanato donde la cuiden a ella y a su bebé, ¿qué sería de su vida?

Lo peor es que ella no es la única. Hay muchos casos de chicas y chicos como ella. Me encontré con una que fue vendida a los traficantes por su propio papá para darle de comer a los demás hijos, y a los veintidós años ya estaba infectada con el virus del sida y era madre de una hija de tres meses. Cuando la conocí, todavía no se sabía si la bebé estaba infectada, porque en esos tiempos se demoraba unos meses para poder determinar si los bebés habían nacido con VIH o no.

Hay miles de casos similares. Los gobiernos están tratando de combatirlos, pero es como arar el mar. La demanda es demasiado grande. Hay demasiados hombres en el mundo que disfrutan convirtiendo a los niños en esclavos sexuales.

Una vez fui a la ciudad de Phnom Penh, la capital de Camboya, en una misión de investigación para mi fundación. Allí hay un paseo marítimo donde van los turistas y ahí se encuentran decenas de pervertidos seduciendo a los niños. Muchos de los bares tienen un segundo piso donde tienen las camas. Vi allí a hombres pagando para acostarse con niñas de ocho años o con niños de seis años, y se me revolcaron las entrañas. Veo que esto sigue y sigue sucediendo y me digo: "¿Qué puedo hacer yo? Me he estado quemando las cejas en contra todo esto y es como si no hubiese hecho nada".

Me da un coraje tremendo. Eso es lo que siento cuando veo a un hombre pagar $300 por la virginidad de una muchachita de once años. Eso es algo que no puedo entender y que simplemente no puedo aceptar. Un hombre que es capaz de hacer eso es un criminal que debería ser enterrado vivo para que se lo coman los gusanos. ¿Y por qué me causa tanta rabia? No porque lo haya vivido, sino porque lo he visto con mis propios ojos. He visto la degradación de estos niños capturada en imágenes y he visto videos de niñas de cinco años donde se les ve el terror en los ojos cuando les preguntan:

—¿Haces el pum, pum? ¿O el ñum, ñum?

Ellas, horrorizadas, responden:

—Ñum, ñum, sí. No el pum, pum.

El ñum ñum es el sexo oral y el pum pum es todo lo demás. Luego se le escucha decir al criminal que está enseñando las muchacha como si fueran mercancía:

—Aquí están las más caras... las vírgenes.

Y cuando abre la puerta, se ven allí cinco niñas, aguantadas de las manos, temblando. Y entonces en el video aparece el tipo asqueroso que se lame los labios y dice:

—Tal vez esa, la tercera.

Por lo general las niñas vienen de familias pobres. Un día a sus casas llega un traficante y les dice a sus padres que si lo dejan llevarse a su hija, les enviarán $1.000 al mes. ¿Cómo van a decir que no? Mil dólares son el equivalente de cinco años de trabajo. Los padres lo ven como una oportunidad para poder comprar comida y medicina, y entonces le dicen a su hija que es hora de ir a trabajar.

Y así es como empieza todo.

También existen otro tipo de traficantes que vienen con cuentos y dicen que son representantes de una agencia de modelos. Y eso, por supuesto, le causa ilusión a las niñas y a las madres. De pequeña, ¿qué niña no ha soñado con ser modelo? Entonces les dicen que en la capital hay una agencia europea que está buscando niñas que tengan el cabello y los ojos como ella, para salir en televisión y hacer desfiles de moda. Ilusionadas, tanto las madres como las hijas aceptan. Pero una vez que se van con ellos a las niñas las meten en un burdel.

Cada vez que pienso que lo he oído todo, que no puede haber una historia más horrible que la que acabo de escuchar, aparece una peor. Yo voy a congresos en todas partes del mundo —en Nueva York, en Viena, donde sea que se esté hablando de la trata humana— y allí siempre me entero de nuevos casos que han salido a la luz. Y lo más estremecedor es que me doy cuenta que no sé nada de la malicia humana. Yo siempre he querido creer que el ser humano es por naturaleza bueno, pero cuando veo estas historias me doy cuenta que no es verdad: así como en este mundo hay seres de luz que son increíblemente buenos y generosos, también hay almas asquerosamente malas. Son tales las atrocidades, que llega un momento en que siento que es mejor tirar la toalla e irme para mi casa porque no importa lo que haga, la trata humana es muy difícil de combatir. Es un monstruo tan grande y tan poderoso.

No importa cuántas regulaciones haya en contra de la trata humana, hay muchos países en los que simplemente no se cumple la ley. En otros, las leyes son anticuadas. Por ejemplo, hay países muy poderosos en Latinoamérica donde la prostitución es tolerada, y la constitución dice que un niño es hombre a los dieciséis años y una niña es adulta a los doce. Por tanto, si ves a una niña de doce años parada en una esquina vendiendo su cuerpo, pues técnicamente —y según la constitución— ella ya es mayor de edad y tiene todo el derecho a ser prostituta. ¿Es inmoral? Creo que cualquiera diría que sí. Sin embargo, ¿es ilegal? No. Y he ahí la tragedia.

Eso me frustra. Me tengo que preguntar si los mismos gobiernos de algunos países están dejando que esto suceda, si no se dan cuenta que están exponiendo a sus propias niñas, a sus propias ciudadanas a un peligro semejante, ¿entonces qué es lo que yo estoy haciendo? ¿Estoy tratando de abolir la esclavitud del siglo XXI?

Pero en el fondo sé que no importa lo difícil que sea o lo imposible que parezca, yo tengo que seguir hacia delante con esta lucha. Es una de esas pruebas de la vida a la que todos nos tenemos que enfrentar. Las cosas importantes no siempre son fáciles de lograr, y mientras más importante sea la causa, más hay que luchar. Subir una montaña no se hace de un brinco.

Una de las cosas que me ayudó a seguir adelante fue conocer a un activista escocés cuando estuve en Camboya. Le conté que a veces me siento como que quiero abandonar la lucha porque es una batalla que me da tantas decepciones. Parece que no importa lo que hago o con quién hablo, todos los días oigo de más niñas prostituidas, de más niños violados. Me frustra mucho porque es como que doy un paso para adelante y veinte pasos para atrás.

Él me escuchó atentamente y luego me dijo algo que nunca olvidaré:

—Enfócate en la persona que ayudaste. Una vida que salvas es nada más y nada menos que una vida. Es una vida menos dentro de la esclavitud. No te enfoques en lo que no has podido lograr o en lo que queda por hacer. Enfócate en lo que sí has podido lograr. Rescataste tres niñas de la calle. Y a lo mejor mañana tienes la oportunidad de rescatar a otra. Eso es lo que tenemos que celebrar.

Tiene razón. Para seguir en esta lucha, como en cualquier batalla, hay que enfocarse en el trabajo hecho y en los resultados que se van alcanzando. No los que quedan por alcanzar. Cada vida salvada es una victoria en esta batalla.

Hay un cuento que me encanta y que ilustra perfectamente lo que decía aquel activista escocés. Había una vez un hombre que estaba caminando por la playa a la orilla del mar y encontró un lugar en donde había miles de peces tirados en la arena, asfixiándose por falta de agua. El hombre, viendo lo que sucedía, agarró y empezó a tirar peces al mar. Al ver lo que hacía, otro hombre que pasaba por ahí le dijo:

—¿Pero qué haces? Sabes que no los puedes salvar todos.

—Todos, no —respondió el primero. Y lanzando un pescado hacia el mar dijo—: Pero este, sí.

La moraleja del cuento es obvia: cada paso que se da es importante. Cada esfuerzo que se hace tiene un efecto positivo, por pequeño que sea. Y eso es lo que importa.

Para mí ahora eso significa dedicarle más tiempo a mi trabajo como vocero, ayudando a crear consciencia acerca de lo que está sucediendo. A nivel personal, creo que preferiría estar en la calle luchando en las trincheras y rescatando niños todos los días. Pero sé que fortalezco el movimiento, la causa y el activismo si me pongo una corbata y voy a hablar ante el Congreso de los Estados Unidos acerca de las cosas horribles que están sucediendo. Por esto tengo que ir a hablar con los cabilderos, con los congresistas, con todas las personas influyentes que pueden llegar a contribuir a mi causa, porque hay que crear leyes y hacer que esas leyes se cumplan con vigor.

A veces se me hace difícil porque yo no entré al mundo de la filantropía para andar por ahí de traje y corbata con los zapatos brillados. Yo entré al mundo de la filantropía porque mi primer contacto fue directamente con los niños. Fue a través del contacto con ellos que comprendí la urgencia de la situación. Ver esa sonrisa de felicidad en el rostro de un niño que ha pasado por los horrores por los que han pasado estos niños es uno de los regalos más bonitos que te pueda dar la vida. Pero parte de lo que he aprendido en este proceso es que cada cual tiene que ayudar con las herramientas que se le han dado. Y sí aunque yo podría pasarme los días caminando por las calles de Calcuta buscando niñas para rescatar, el hecho de ser una figura pública hace que haya muchas otras cosas que puedo hacer para ayudar, que no todo el mundo puede hacer.

HACIENDO BULLA

Por lo general siempre he intentado vivir mi vida de la manera más sencilla posible; no me gusta ser el centro de atención cuando estoy fuera del escenario. De hecho, cuando comencé con la fundación, yo lo quería hacer sin que nadie lo supiera porque lo estaba haciendo como un deseo personal de ayudar a los niños, no para mostrarle al mundo lo que hago o para hacerme lucir bien. Mucha gente me incitaba a que se lo anunciara al mundo para que todos se enteraran, pero yo lo último que quería era que la gente pensara que lo estaba haciendo por conseguir atención o publicidad. Lo que me importaba era ayudar a los niños de la mejor manera posible, no que la gente se enterara de que "Ricky Martin hace esto" o "Ricky Martin hace aquello". Pero unos activistas con los que trabajé hace unos años me hicieron ver que yo estaba equivocado.

—¿Cómo que no quieres que nadie lo sepa? —me dijeron—. ¡Eso es tontería! Necesitamos tu voz. Nosotros llevamos años y años haciendo esto, y la gran mayoría de la gente nos ignora. Pero si alguien como tú, un artista reconocido y admirado por el público, se pone a gritar nuestro mensaje a los cuatro vientos, ¿no crees que tendrá un mayor efecto? La gente te prestará atención. Tal vez no te hagan caso, pero por lo menos sí te prestarán atención, y eso de por sí ya es un adelanto.

El hecho de que como artista yo tenga ese poder de convocatoria y pueda crear algún tipo de conciencia es maravilloso. Desmond Child una vez me dijo, "Ricky, no te avergüences de tener ese poder. ¡Úsalo! No todo el mundo lo tiene. Cada cual viene al mundo con su misión y por eso Mahatma Gandhi fue y sigue siendo Mahatma Gandhi, por eso Martin Luther King, Jr., fue Martin Luther King, Jr., y el Dalai Lama es el Dalai Lama. No estoy diciendo que tengas que ser como ellos, pero, hombre, cuando tú hablas, la gente escucha".

Pero el que lo va a hacer sólo para llamar la atención de los medios es mejor que no lo haga. Que lo haga porque le sale del corazón. Sin embargo, yo no puedo culpar a la persona que no lo hace. A lo mejor hay algunos de mis colegas que no prestan su voz a una causa porque aún no han encontrado la que de verdad los mueve y los motiva. Puede ser que hasta el momento no se han encontrado frente a frente con ese problema que los obligue a ponerse de pie y decir, "¡basta ya!". Yo trabajé como loco durante casi trece años antes de tener este despertar y esta necesidad de hablar de esto. Y aunque es tentador pensar en todo lo que habría podido hacer si hubiera comenzado antes, la verdad es que no habría podido porque en la vida todo llega en su momento y no antes o después. Yo me encontré con esas niñas en el momento exacto en que debía encontrármelas, porque ese era el momento en que yo estaba listo para dar algo más.

Hay gente que me pregunta si decidí luchar contra la explotación de los niños porque yo de niño me sentí explotado cuando estaba en Menudo, ¡y el hecho es que no puede haber nada más lejano a la realidad! Yo trabajé desde muy chico en algo que me fascinaba, la música. Y lo hacía porque yo quería hacerlo, no porque era obligado. Tuve una infancia maravillosa, única y extraordinaria. Si yo elegí esta causa es porque fue la que apareció en mi camino y me removió las entrañas. Me conmovió. Y considero que si veo lo que está sucediendo y no hago nada al respecto, entonces yo lo estoy permitiendo, estoy siendo cómplice. Si nosotros, que estamos todos juntos aquí en la tierra, no nos cuidamos entre unos y otros, ¿entonces quién va a hacerlo? Es nuestro deber. Todos tenemos una responsabilidad en el camino espiritual. Puede ser combatir la trata humana, puede ser ayudar a los ancianos, puede ser asistir a los desamparados, luchar por los derechos de la igualdad para la comunidad LGBT (lesbiana, gay, bisexual y transgénero) o darle de comer a los hambrientos, pero todos tenemos la obligación de amparar a los menos afortunados y cuidar de los más necesitados.

Así que comenzamos a hacer bulla. Empecé a hacer más y más cosas porque quería crear conciencia: quería que todo el mundo escuchara lo que tengo que decir y que juntos luchemos contra esta epidemia. Y la bulla funcionó porque al cabo de un tiempo varias organizaciones de mucha credibilidad se interesaron en crear alianzas con la

Fundación Ricky Martin. Estas alianzas fueron muy importantes porque yo sabía que no podía hacer mucho si lo hacia todo solo. En el mundo de la filantropía, las alianzas son esenciales. Aunque tenga una idea muy clara de lo quiero hacer, eso no quiere decir que sepa cómo hacerlo. Una cosa es decir, "Quiero ayudar a las niñas", y otra es salir al terreno a ayudarlas. Por eso yo tenía que encontrar otras organizaciones que tuvieran experiencia trabajando por las causas que más me importan. A partir de ese momento comenzamos a trabajar con instituciones como el Banco Interamericano de Desarrollo, UNICEF, Save the Children, ATEST (siglas en inglés de la Alianza contra la Esclavitud y la Trata), Johns Hopkins University, OIM (Organización Internacional para las Migraciones), la Universidad de Puerto Rico, la Florida Coalition Against Human Trafficking (la Coalición de la Florida contra la Trata Humana) e incluso Microsoft.

Uno de los programas que desarrollamos con Microsoft nos llevó a combatir un problema en particular. Desafortunadamente hoy en día una de las formas más fáciles de traficar niños es a través de Internet. Los traficantes se meten a los foros de discusión de los niños y empiezan a chatear con ellos, a hacerse amigos mientras que los niños, por supuesto, no saben que están conversando con un adulto. Y mientras que los padres piensan que sus hijos están chateando con los amigos, en realidad están hablando con un traficante desde la sala de su propia casa. Es algo alarmante. Para crear conciencia acerca de este problema, unimos fuerzas con Microsoft para crear el programa Navega Protegido, una iniciativa para cuidar a los niños en el ciberespacio. Navega Protegido es una campaña que

educa tanto a los niños, como a los padres y a los maestros
—es muy importante que se eduquen los padres y los maestros— acerca de los riesgos que existen cuando se navega
en Internet.

Aunque no podamos impedir por completo que este tipo
de acoso siga sucediendo, por lo menos podemos crear
conciencia, y eso no tiene precio. Pusimos anuncios en el
transporte público que decían: "¿Sabe con quién está chateando su hija?". Y en los aeropuertos, que son el lugar
donde agarran a los niños secuestrados y los montan en un
avión para llevárselos a otros países. Allí por lo menos
podemos poner una advertencia: "¿Sabes a dónde estás
viajando? ¿Conociste esta persona en Internet?".

Después de eso, lanzamos el proyecto Llama y Vive, en el
que establecimos un teléfono gratuito al que pueden llamar
las víctimas para encontrar ayuda. Hicimos campañas publi-
citarias para dar a conocer los números y recibimos una
reacción increíble. Un día a una estación de radio en donde
salió el anunció llegó una mujer y dijo: "Hola, es que escuché la campaña de Llama y Vive, y yo no tengo teléfono.
Pero yo soy víctima". Por supuesto, la gente de la radio
llamó de inmediato a las autoridades, y las autoridades se
comunicaron con nosotros para que ayudáramos a esta
mujer con su rehabilitación. Y así, rescatamos una más.

Los esfuerzos de la Fundación Ricky Martin continúan
extendiéndose y siempre estamos buscando nuevas maneras de combatir la trata humana. A comienzos de 2010, en
colaboración con la corporación financiera Doral, lanzamos un nuevo programa comunitario para movilizar la
consciencia social. Yo creo y estoy convencido de que este
es un problema que sí podemos acabar. Por más inmenso

que sea, por más extendido que esté en todos los países del mundo, yo sé que si logramos crear más consciencia, y si hacemos que vean con sus propios ojos los peligros que corren los niños del mundo, podemos cambiar la situación.

DESASTRES NATURALES

UNA DE LAS cosas que muy poca gente sabe de la trata humana es que los traficantes muchas veces se aprovechan de situaciones extremas como terremotos, inundaciones o guerras para llevarse a niños que están en situaciones de mucha vulnerabilidad. Algunas de las experiencias más intensas que yo haya vivido desde que comencé a luchar en contra de la trata han sido cuando he ido a visitar lugares afectados por desastres naturales, como lo fueron el tsunami de 2004 y el terremoto de Haití en 2010. Nunca jamás podré borrar esas imágenes de mi mente y la verdad es que no quiero: no quiero olvidarme de toda la destrucción, el dolor y la desolación que vi porque no quiero olvidarme que todos los días tengo que seguir luchando por mi causa.

El tsunami azotó a las 9:33 de la mañana del 26 de diciembre, 2004, en la playa de Patong, Tailandia. Según los testigos, la primera ola medía unos 10 metros de altura. Arrasó con todo en su paso. Volcó carros, derribó edificios, tumbó árboles y machacó los escombros con sus turbulentas aguas. Las olas causaron daños masivos y miles de muertes en Indonesia, Tailandia, Sri Lanka, India, Somalia y las Islas Maldivas. Dejó un saldo de casi 287.000 muertos y más de 50.000 desaparecidos. Un tercio de los muertos eran niños.

Aunque la noticia corrió de inmediato por todos los medios, yo no me enteré. Yo estaba en una isla privada en Puerto Rico celebrando mi cumpleaños con un grupo de amistades. Estaba completamente incomunicado del mundo en una isla en donde a pesar de tener todos los medios de comunicación, yo quería estar desconectado, y la verdad es que fue una semana en la que ni siquiera miré el móvil. No sabía lo que estaba pasando en Puerto Rico, mucho menos al otro lado del mundo. Sólo me estaba divirtiendo, bañándome en el mar, descansando en la arena, cantando y tocando música.

Así que no fue hasta el día 2 ó 3 de enero, cuando volví a San Juan, que me enteré del tsunami. Mi primera reacción fue de total angustia. Pensé que si el tsunami hubiera sido en el Atlántico en lugar de al otro lado del mundo, yo quizás habría desaparecido de la faz de la tierra porque estaba en una isla tan plana que no habría tenido a donde correr. Creo que porque venía de haber pasado tantos días tranquilos, relajándome en el mar, me impactó aún más el hecho de que ese mismo mar en el que yo me había estado bañando, al otro lado del planeta de un instante a otro se había convertido en un monstruo.

Se me estremeció todo. En la televisión vi el caos que existía, la devastación, los miles de muertos y desaparecidos, los niños que andaban perdidos buscando a sus padres y a sus madres que sabe Dios qué les había pasado. Y, de repente, caí en cuenta de que era un escenario perfecto para los traficantes: había miles de niños traumatizados, huérfanos, perdidos, desamparados, que estaban listos a aceptar el socorro de quien fuera que se los ofreciera. Una vez que ese pensamiento me pasó por la cabeza, no hubo quien me lo borrara. Sabía que esos niños corrían peligro y tenía que hacer algo. Rápido.

Llamé al director ejecutivo de la fundación en aquel entonces y le dije:

—Hombre, tenemos que ir a Tailandia ahora mismo.

—Está bien —me dijo—. ¿Y qué vamos a hacer ahí?

—¡No sé! —le respondí—. Sólo sé que tenemos que ir y tenemos que hacer bulla para que la gente preste atención a lo que está sucediendo.

Sabía que era uno de esos momentos en los que sería importante utilizar mi poder de convocatoria. Estaba listo para pararme en el techo de cualquier edificio y gritar: "¡Ojo! Ahora mismo pueden estar traficando los niños. Ahora mismo los pueden estar secuestrando".

Y eso fue más o menos lo que hicimos. Invitamos a una escritora puertorriqueña que había viajado mucho con nosotros. Cada vez que íbamos a una misión para los niños en Jordania, o Calcuta, ella nos había acompañado para documentar todo lo que pasaba. Mientras nos alistábamos para partir, llamó también una productora del programa de Oprah Winfrey para preguntar si íbamos a hacer algo. Entonces la invitamos a que se uniera a nosotros, y así fue que terminamos en compañía las cámaras de uno de los programas más vistos en el mundo. Era imposible pensar en un equipo más perfecto. Todavía no habíamos llegado, ¡pero ya sabíamos que bulla sí íbamos a hacer!

Salimos en avión de San Juan a Nueva York, de Nueva York a Londres y luego de Londres a Bangkok. Cuando estábamos en la etapa de Nueva York a Londres, con la prensa y las cámaras montadas en el avión, todavía no teníamos itinerario. Es decir, el viaje se había armado tan rápido que ni siquiera habíamos tenido tiempo de planear lo que íbamos a hacer. Tal como iban las cosas, cuando aterrizáramos en Bangkok íbamos a tener que decirle a todo el mundo: "Esperen un momento, por favor, mientras vamos a alquilar un carro...". Lo digo hoy y me río, pero la verdad es que en ese momento mi mente y la de todo mi equipo iba a mil por hora porque no existía una logística detallada de lo que íbamos a hacer, que no es como yo estoy acostumbrado a trabajar, y seguro que la gente de Oprah tampoco. Pero esta era una misión dictada por el corazón y dentro de todo el caos yo decretaba y repetía constantemente en forma de mantra, "Todo va a salir bien, todo va a salir bien".

Así que, estando en Nueva York, el que era en esa época director ejecutivo de la fundación estaba en el teléfono con la embajada tailandesa en Washington, D.C., diciéndoles a ellos que Ricky Martin estaba en camino para su país y que quería ayudar de cualquier manera que fuera posible. Estaba siguiendo los consejos de los activistas que me decían que no tuviera miedo de prestar mi nombre a una causa en la que creo.

Llegamos al aeropuerto de Heathrow y mi director ejecutivo volvió a comunicarse con la embajada de Tailandia en Washington y nos enteramos de que el embajador estaba muy contento de que quisiéramos ayudar y nos ofrecería todo su apoyo. Una vez más el cosmos había conspirado para que todo se diera de una manera muy mágica... O tal vez es que el poder de la mente es maravilloso. En esas horas de estrés, mi mantra ayudó mucho, de eso no tengo la menor duda.

Cuando llegamos a Bangkok ya todo estaba resuelto.

Nos fueron a recoger al aeropuerto y tuvimos una reunión con el primer ministro Thaksin Shinawatra, donde nos enteramos de más detalles de lo que estaba sucediendo y cómo se estaba manejando la situación. Entonces nos llevaron a las áreas más afectadas.

Era increíble. El terremoto que causó el tsunami sacudió las calles en la isla de Phuket a las 7:58 a.m., hora local, tumbando peatones y motociclistas, y haciendo que los conductores perdieran control de los carros. La magnitud del terremoto, 9,1 en la escala de Richter, se considera la tercera más alta desde la existencia del sismógrafo; fue tan fuerte que causó que el planeta entero temblara y se moviera de su eje casi un grado. El epicentro principal fue a casi 500 kilómetros de Phuket, al oeste de Sumatra, en el fondo del mar. (La magnitud más grande que jamás se haya registrado fue durante el Gran Terremoto de Chile de 1960, también conocido como el Terremoto de Valdivia, que causó un tsunami que devastó a Hilo, Hawai, a más de 10.000 kilómetros del epicentro).

El primer temblor duró más de ocho minutos. Cuando terminó, lo peor todavía estaba por venir. Aproximadamente una hora y media después del terremoto, la gente que se estaba bañando en las playas de Phuket notó que el mar retrocedió ligeramente. Unos salieron a investigar y a recoger los peces que se quedaron varados por el retiro del agua. Los que estaban en la playa de Maikhao en el norte de la isla, tuvieron mucha suerte porque una niña inglesa de diez años había estudiado tsunamis en una clase de geografía en su escuela primaria y reconoció los indicios de un tsunami inminente. Se lo explicó a su mamá y a su papá y la familia alertó a los demás en la playa y todos pudieron escapar. No muy lejos de ahí, un maestro escocés también reconoció las señales de lo que venía y pudo llevar un autobús lleno de turistas y residentes locales a un lugar seguro.

Desafortunadamente en otras zonas no sucedió lo mismo. Muchos salieron a investigar, o se quedaron ahí tranquilos sin siquiera darse cuenta. Minutos después llegó la primera marejada y el impacto tiró botes y carros, destrozó casas y arrancó árboles.

Unos treinta minutos después llegó la segunda ola y treinta minutos más tarde la más fuerte de todas, que se estima alcanzó unos 30 metros de altura, o casi 100 pies. Ésa convirtió las calles en un río violento y turbio, lleno de escombros, que llegó al segundo piso de los edificios y causó daños a 4 kilómetros de la playa.

Por todo el océano Índico se desplegaron tsunamis de similar magnitud, chocando contra las costas de Bangladesh, Indonesia, Sri Lanka y, siete horas después del terremoto inicial, Somalia. El tsunami fue el más mortífero de la historia y dejó devastada a toda una región que hasta el día de hoy está luchando por reconstruirse.

Cuando llegué a Tailandia unos diez días después de que ocurriera el terremoto, me llevaron a una de las zonas más afectadas, pero me dicen que otras partes eran cinco veces peor de lo que vi. Me cuesta mucho trabajo imaginarlo porque donde yo estaba, las cosas pintaban muy mal. La escuela se había convertido en un hospital, un hogar se había convertido en escuela y el templo budista se había convertido en una morgue. Así que el templo, aquel lugar donde normalmente uno va a encontrar la vida espiritual, se encontraba, en ese momento, poblado de la muerte física. Imagina eso.

Pero en medio de tanta destrucción, también había esperanza. Muchos niños quedaron huérfanos y yo sentía que por ellos yo todavía podía hacer algo. Todavía los podía ayudar. Lo que sucede es que los traficantes se aprovechan durante los desastres naturales. Se aprovechan de la desesperación y salen a las calles a pescar. Saben que habrá niños perdidos, sin familia y asustados. Cuando encuentran a un niño llorando por su madre, saben que ese niño va a creerle a cualquiera que les diga: "Yo sé donde están tus padres. Ven conmigo".

Así se los llevan. Y por eso es que yo quise ir allí. Donde haya un desastre natural, donde sea que haya caos, allí esta la oportunidad que busca el traficante para aprovecharse de los más débiles y robarles sus derechos más básicos.

En un hospital donde se alojaba a los huérfanos conocí el más joven sobreviviente del tsunami al que le pusieron Baby Wave, que quiere decir "Niño Ola". Baby Wave apareció en el centro de la ciudad flotando encima de un colchón y era bebé con tan sólo unos días de nacido. Le habían pegado una nota a la ropa que decía: "Encontré este niño en la zona de la playa, pero no tengo para darle de comer. No tengo nada para él. Por favor, cuídenlo".

Era un milagro dentro de toda la destrucción, y las enfermeras lo estaban protegiendo como si fuera una joya. Pero tenían que esconderlo en una oficina y vigilarlo día y noche, porque en cuanto salió en la prensa que se había encontrado el más joven sobreviviente del tsunami, empezaron a aparecer personas de todos lados que decían que eran su mamá y su papá, o que eran un tío. Pero cuando las enfermeras les decían que estarían encantadas de hacerles una prueba de ADN, todos desaparecían.

Hubo personas que hasta llegaron a hacerse pasar por médicos, diciendo que se lo tenían que llevar a otro hospital a hacerle tal o tal prueba. Era todo mentira. Eran traficantes que querían llevárselo para venderlo o sabe Dios qué. El amor del que dieron prueba las enfermeras que cuidaban de Baby Wave es inspirador y jamás olvidaré el momento en que lo alcé en mis brazos. Representaba la esperanza.

En medio de tanta muerte y tanto dolor, también vi cosas preciosas. Conocí, por ejemplo, a una mujer que convirtió su casa en una escuela porque pensaba que era importante que los niños sobrevivientes no se quedaran sin un lugar donde estudiar. Era una casa muy humilde, con un piso de tierra, y quedaba en un pequeño pueblo pesquero de Tailandia. Todas las mañanas le llegaban sesenta niños y ella los ponía en un espacio pequeño en el interior de la casa donde puso un pizarrón para que ellos leyeran y escribieran cosas. Eran de todas las edades. Tenían unas sillitas y unas tablas de madera. Para nosotros tal vez no es mucho, pero en verdad no les hacía falta nada. Tenían comida y agua, una casa tranquila y limpia en donde estudiar y tenían quien los cuidara.

La mujer que les abrió la casa era muy inteligente porque ella reconoció que no sólo se trataba de que esos niños siguieran con sus estudios, lo que más necesitaban era estar ocupados. Era importante que mantuvieran sus mentes ocupadas para que no tuvieran tiempo de pensar demasiado en la tragedia que estaban viviendo. También, el hecho de estar ahí con ella a todas horas del día los mantenía protegidos porque si esos niños no estuviesen en una escuela o en un sitio donde alguien los cuidara, serían presa facil para los traficantes.

Esa mujer vio la necesidad que tenían esos niños e hizo lo que pudo para ayudar. Y el que se haya dedicado a cuidar de esos sesenta niños en aquel momento de tragedia tuvo un impacte enorme en sus vidas.

Después de pasar unos días visitando las diferentes zonas damnificadas, volví a Puerto Rico e hice una recaudación de fondos. Fue un desayuno en San Juan, donde invité a empresarios, banqueros y otras personas destacadas de la isla. Allí en ese desayuno les hablé y di testimonio de lo que había visto. Les hablé del dolor que había sentido al ver tanta destrucción y del coraje que me daba ver lo que estaba sucediendo, y los invité a que se unieran a mí para enviar ayuda a las zonas damnificadas. Al igual que los suecos, los noruegos, los finlandeses, los rusos, los chinos y los hindúes estaban todos trabajando para dar una mano, yo necesitaba que en Puerto Rico nosotros también hiciéramos algo. *Algo.*

Estas personas y muchas otras contribuyeron para construir casas para algunos de los damnificados en Tailandia. Pero como yo no tengo el conocimiento y la experiencia que se requiere para un proyecto así, nos asociamos con Habitat for Humanity (Hábitat para la Humanidad), una organización sin fines de lucro que se dedica a construir casas para gente necesitada en noventa países en todo el mundo. Hablé con el primer ministro de Tailandia y él fue muy amable y me ayudó a encontrar un terreno en donde se pudieran construir. La mayor parte del dinero para la construcción se recaudó mediante diversos esfuerzos y nosotros en la fundación donamos una cifra iguala a lo recaudado. Junto con las conexiones de Habitat for Humanity y todo el trabajo voluntario que existía, pudimos hacer muchísimo. Algunas personas de la zona donaron los materiales de construcción. Gracias a todo ese trabajo y toda esa ayuda, en total pudimos construir 224 casas.

Me dio una satisfacción tremenda. Todos agarramos martillos y le metimos mano. Yo también puse cemento y ladrillo. La verdad es que soy malísimo para construir, pero había tanta gente que en su vida no habían puesto ladrillo, que yo era sólo uno entre muchos. Nos divertimos bastante. No llegué a construir una casa entera, pero si creo que terminé una pared... ¡espero que no se les haya caído!

Pero eso no fue todo. Después de pasar un par de días ayudando a construir una casa, hice la otra parte de mi deber: regresé a los Estados Unidos para salir en el programa de Oprah Winfrey y decirle al mundo lo que estaba pasando. Allí mostramos el video de mi visita a la zona damnificada, y le mostramos a la gente no sólo lo que se había hecho, sino todo lo que quedaba (y aún queda) por hacer.

Es probable que haya gente que piense que hice lo que hice para buscar publicidad. Si es así, que se imaginen lo que quieran. Tal vez hace unos años eso me hubiera preocupado o hubiera sentido la necesidad de justificar mis actos. Pero ahora sé que lo único que importa es lo que piense yo. Mi único propósito era hacer que la gente se enterara de la necesidad que había en las zonas afectadas y que vieran todo lo que se puede hacer cuando uno quiere ayudar. Hay tantas formas de ayudar y a tantos niveles que pienso que todos deberían encontrar la forma de hacerlo ya sea donando dinero o tiempo o lo que sea. En cualquier caso, me sentí orgullosísimo de lo que habíamos hecho, sobre todo cuando unos meses más tarde tuve el privilegio de regresar a Tailandia para hacer entrega oficial de las llaves a las familias que se mudarían a las casas que habíamos construido durante el viaje anterior. Ese es otro de esos días que siempre recordaré. En total, más de mil personas en dos zonas afectadas por el tsunami resultaron beneficiadas por lo que hicimos.

Pude verles las caras de felicidad a esas familias cuando entraron por primera vez a sus casas, y di gracias al cosmos por haberme dado la oportunidad de ayudar. Di gracias también por haber podido ver cómo esas familias estaban recomponiendo sus vidas con el amor, que los unía y les daba fuerzas para enfrentar y superar cualquier cosa.

Algo similar sucedió a principios de 2010 cuando un terremoto brutal sacudió a Haití. Al ver las primeras imágenes por televisión, y fuertemente conmovido por la cercanía entre Haití y Puerto Rico, sentí que tenía que ir allí lo más pronto posible para ver qué se podía hacer. Pero al igual que con el tsunami en Tailandia, mucha gente me intentó disuadir, diciéndome: "No, eso es un caos, Ricky, ¿qué tú vas a hacer allá?". Pero como con el tsunami, yo sentía muy adentro de mi alma que era algo que tenía que hacer. Necesitaba ir allá para caminar por las calles y vivir lo que estaban viviendo nuestros hermanos haitianos, para saber qué podía hacer para ayudar. Sólo estando allá podía sentir, vibrar, comprender lo que estaba sucediendo para ofrecer una mano. Tengo que agradecer al gobierno de la República Dominicana que puso a nuestra disposición helicópteros de la fuerza aerea dominicana y pudimos llegar hasta Puerto Príncipe.

Y la verdad es que yo jamás me imaginé lo que encontré al llegar a allí. Era un caos absoluto, pero un caos como yo nunca había visto, ni siquiera en Tailandia. Las edificaciones estaban todas derrumbadas, había partes en donde no quedaba un solo edificio en pie y las calles estaban pobladas de cadáveres y fragmentos de cadáveres. Encima de todo, no había ningún rastro de organización. Mientras que en Tailandia había cierto nivel de organización a través del gobierno y las entidades locales que habían quedado en pie, en Haití no había nada. No había gobierno, ni siquiera líderes comunitarios porque la mayoría habían muerto. Estar en Haití era como vivir una visión del infierno; jamás he visto algo así. La devastación era tal que hasta las organizaciones especializadas en casos de desastres naturales, los profesionales en el tema, estaban completamente perdidos y no sabían por dónde empezar. Fue muy fuerte.

Como en el caso de Tailandia, después de visitar la zona afectada decidimos que la mejor manera de ayudar era construyendo casas. La idea es que si los niños tienen hogares adonde regresar, dejarán de estar en la calle, donde son más vulnerables a los traficantes. En los proyectos que abarcamos con la fundación siempre estamos pensando a largo plazo. No se trata de ir y encontrar una solución para mañana mismo. Queremos encontrar formas de ayudar que perduren y que sirvan para evitar más tragedias o situaciones de riesgo en el futuro.

Entonces una vez más, nos asociamos con Habitat for Humanity y juntos estamos implementando soluciones de vivienda tanto a corto como a largo plazo. Ya hemos proporcionado refugios temporales y soluciones de vivienda a cientos de personas afectadas por el terremoto y muy pronto comenzaremos a construir nuevas casas. Una vez más, nuestra alianza está dando seguridad y protección a niños cuyas vidas podrían estar en peligro como resultado de este desastre natural. Y al hacer esto, estamos dándoles esperanza y un futuro. No veo la hora de conocer a las familias haitianas y entregarles las llaves de sus hogares permanentes, que serán construídos con amor al igual que las casas en Tailandia. Mientras tanto, con la colaboración de muchos colegas del mundo del entretenimiento, yo he grabado una serie de anuncios de servicio público (en inglés y en español), invitando a todo el mundo a ayudar a Haití y a Chile. Me da alegría porque esto ha ayudado a crear conciencia y poco a poco iremos teniendo un impacto, por mínimo que sea en el mar de problemas que enfrenta hoy día Haití. Una vez más, aquí como en tantas otros aspectos de mi vida, he aprendido que tengo que concentrarme en lo que he hecho en lugar de lo que queda por hacer. Si no, sería demasiado.

SIETE

PATERNIDAD

A TODOS NOS LLEGA UN MOMENTO EN LA VIDA EN EL QUE sentimos la necesidad de aspirar a algo que vaya más allá de nosotros mismos. Nos damos cuenta que ya no basta con ser y estar en el mundo, nos nace el deseo de trascender quienes somos para crear algo más grande. Para mí esa aspiración se materializó en el deseo de ser padre.

Aunque mi trabajo en la lucha contra la trata humana sí colmó de alguna manera ese deseo de hacer algo importante, no puedo decir que fuera suficiente. Llegué a un momento en mi vida en el que quise algo más: una familia. Para mí tener un hijo significa estar dispuesto a darlo todo. Ya no quería esperar más por el momento o la pareja perfecta para hacerlo: estaba listo para ser padre, y una vez que lo comprendí, puse manos a la obra para convertir ese deseo en realidad.

LA DECISIÓN DE SER PADRE

En realidad, la culpa la tuvo Baby Wave porque cuando lo conocí, lo primero que pensé fue que lo quería adoptar. En ese momento se me dijo que los padres solteros no pueden adoptar en Tailandia, por lo cual ni siquiera era una opción. Sin embargo, la ternura de aquel pequeñito, su fuerza y su determinación de vivir despertaron algo muy profundo en mí.

El segundo factor determinante fue que una amiga mía quedó embarazada. Fue maravilloso porque esta amiga es también mi terapeuta física y pude estar con ella a lo largo de todo el embarazo. Ella fue a la gira conmigo durante el Black and White Tour, así que todos los días pude ver cómo le iba creciendo la panza. Viví todo su embarazo y el hecho de estar tan cerca de ella durante esos nueve meses me hizo vivir de manera muy intensa ese milagro de la vida. Evidentemente llegó un punto en que ella ya no pudo viajar más y tuvo que quedarse en casa, pero cuando nació su hijita preciosa, yo sentí que algo había hecho clic en mí. Como tantas otras veces, sentí que había llegado mi momento. Y ahí empecé mi búsqueda.

El hecho de conocer a ese pequeño en el caos del tsunami y de ver la felicidad de mi amiga cuando dio a luz, me impactó profundamente. Ambos sucesos me despertaron una paz y una alegría tan pura, que quise ampliar ese sentimiento a mi propia vida. Sentí que me había llegado el momento de ser padre.

Al final lo único que importaba era que yo estaba listo para ser padre, y en ese sentimiento no podía influir nadie más: ni mi familia, mis amigos o mis amores. Esto era algo que yo sentía que necesitaba, algo que deseaba hacer con locura y por lo tanto iba a empezar a buscar la mejor manera de hacerlo realidad.

Mirando hacia atrás, me doy cuenta que mi camino me había ido guiando hasta ese momento y me había dado todas las herramientas que necesitaba para tomar aquella decisión. No sólo había aprendido a aceptar y amarme a mí mismo. Había encontrado el papel de mi vida —el de luchar contra la trata humana— y ahora me sentía listo para amar a otros, sin condiciones. Aunque supongo que nadie nunca está completamente listo para ser padre —en gran parte porque no es sino hasta que uno es padre que comprende lo que significa—, en aquel momento yo sentía que había desarrollado las herramientas espirituales necesarias para dar ese paso tan importante.

El tiempo que pasé en la India me ayudó. Allí aprendí a escuchar mi silencio y por lo tanto a conocerme a mí mismo, pero también aprendí mucho de la vida. Yo necesitaba apartarme un tiempo de la locura de mi carrera para comprender las cosas sencillas de esta existencia y poder compartir mi tiempo aquí con otros. Como llevaba tanto tiempo corriendo y corriendo para ser el mejor y alcanzar el número uno, no había tenido tiempo de crecer y madurar a mi ritmo. Necesitaba aprender a llorar, a caminar por la calle y a ver a otra gente; necesitaba retomar el control de mi propia vida.

En la India aprendí a enfocarme en el agradecimiento.

Creo que la mayoría de nosotros —y me incluyo— nos criamos enfocándonos siempre en lo negativo. Muchas veces pensamos que lo estamos haciendo porque somos realistas o porque simplemente estamos identificando las cosas malas que queremos eliminar de nuestras vidas. Y aunque no creo que estemos equivocados en prestarle atención a lo que nos duele y nos molesta si de verdad lo hacemos para arreglarlo, creo que también es importante dedicarle tiempo a ver las cosas buenas para poder repetirlas y ampliarlas en nuestras vidas.

Ahora, cuando hay momentos en los que estoy mal y siento que me pesa el día o que hay una nube que me persigue a todas partes, hago una lista de diez cosas por las cuales puedo dar las gracias. Sólo diez. Al principio, cuando lo intentaba, no lograba pasar de la tercera. Pensaba: "Estoy vivo. Tengo salud. Tengo comida en la mesa...", y hasta allí llegaba. Me tomaba un rato largo poder seguir con la lista.

Pero cuando realmente me detengo a pensar, me doy cuenta de que hay muchas más cosas extraordinarias por las que hay que dar las gracias. Puedo caminar. Puedo ver. Puedo sentir. Tengo amigos. Tengo una familia que me quiere. Tengo casa. Tengo dos niños preciosos. Y antes de llegar a la octava cosa de la lista, ya estoy sonriendo. Así es que me enfoco en lo importante que es sumar en vez de restar.

Siempre supe que mi destino era ser padre. Pero no puedo decir que a los veinticinco años dije, "Cuando tenga treinta y seis años lo voy a hacer". Yo simplemente sentí que me había llegado el momento y fui a su encuentro cuando estuve listo para hacerlo. Sé que hay muchas personas a las que les da miedo ser padres, pero puedo decir que eso a mí nunca me preocupó para nada. Tenía el ejemplo extraordinario de mi papá. Cuando mi papá se casó con su segunda esposa, ella me dijo: "Yo me enamoré de él porque vi cómo te trataba a ti. Vi la dinámica que tenían ustedes dos y dije, 'Ese es el tipo de padre que yo quiero para mis hijos'". Y es verdad. Siempre hemos tenido una relación increíble, de mucha comunicación y mucha comprensión, y ese es el tipo de relación que yo quiero construir con mis hijos.

Además, hasta el momento en que entré a Menudo, yo

me sentí como el mejor hermano porque a mis hermanos menores, los hijos de mi padre, les enseñé a andar en bicicleta, a amarrarse los zapatos y todas esas cosas de la infancia. Más adelante, cuando entré a Menudo, me dolió mucho sentir que había abandonado a mis hermanos menores y muchas veces hasta sentí que mi hermanito Eric me miraba como queriendo preguntarme, "¿Y adónde te me fuiste cuando yo te necesitaba?"

Pero después comprendí que tenía que despegarme de esa emoción triste y del sentimiento de culpabilidad con el que cargaba por haberme ido, porque al fin comprendí que la vida me llevó por un camino que me apartó de él, y así fue. No era culpa de nadie. Era una lección para él y para mí, y nada de eso quitaba cuánto lo quiero a él y a mis otros hermanos. La prueba es que hoy en día somos muy cercanos, nos vemos cada vez que se puede y nos queremos de todo corazón. Y es por esa relación tan especial que tengo con ellos y con mis padres que siempre sentí que quería ser padre.

Mientras más estudiaba las ventajas y desventajas de las varias alternativas que existen para tener hijos, la que mejor sonaba era la maternidad subrogada. Ahora, quiero aclarar que esta era la mejor opción para mí. No me voy a convertir ahora en un defensor de la subrogación para todo el mundo, ni tampoco me voy a parar en la cima de una montaña a gritar que la maternidad por sustitución es la cosa más maravillosa que ha existido. Yo estoy consciente que para otra persona puede no ser la mejor opción, pero para mí sí lo fue. Ya yo sabía que no iba a fundar una familia con una mujer, y como tampoco quería esperar a encontrar el amor de mi vida antes de tener hijos, pues decidí que esta era la mejor opción para mí.

Cuando le dije a mi mamá lo que iba a hacer, ella me miró y me dijo:

—Espérate un momento, Kiki. Siéntate aquí conmigo que vamos a hablar. Esto que me estás contando me parece como una película del futuro.

—No, Mami, esto no es el futuro —le respondí yo—. Es el presente.

Y le expliqué cómo funciona todo. Cuando terminé, lo único que me dijo fue:

—Hijo mío, hay que tener los pantalones bien puestos para tomar una decisión como ésta. Te felicito.

Yo creo que lo que pasa es que hay mucha gente que no entiende lo que es la maternidad subrogada y por eso les parece algo extraño o posiblemente hasta piensen que es malo. Pero es en realidad una alternativa maravillosa que tenemos gracias a todos los avances que ha hecho la ciencia hasta el día de hoy. Pensar que antes, cuando una pareja no podía tener hijos le tocaba resignarse al hecho sin poder hacer nada. Ahora, una pareja que no puede tener hijos —o que está teniendo dificultades— tiene muchas opciones disponibles.

El proceso toma su tiempo. No es sólo los nueve meses de embarazo. Empieza mucho antes. Yo quise hacerlo a través de una agencia que se dedicara a esto y, obviamente, quería un abogado especializado en el tema que me pudiera guiar a lo largo de todo el proceso. Y así lo hice.

La subrogación es algo que cada día se vuelve más y más común. Aunque no existen cifras exactas, se estima que desde 1976 ha nacido aproximadamente 28.000 niños a través de la subrogación, y cada día hay más padres solteros que están teniendo hijos de esta manera. Más que nunca, los hombres están conscientes de lo que significa la paternidad y sienten la necesidad de tener hijos. Aunque no tengan pareja.

El primer paso en mi proceso de subrogación, después de haber encontrado la agencia y el abogado con el que quería trabajar, fue escoger a una donante de óvulos. Me pasé una semana entera examinando las reseñas biográficas de todas las mujeres que estaban donando sus óvulos. Aunque sabía que quería encontrar a alguien que tuviera cualidades que complementen las mías, de todas formas me costó mucho trabajo escoger a la persona adecuada. Tal vez si me hubiera enamorado de alguien no hubiera sido tan difícil, simplemente estaría enamorado y tendríamos bebés. Pero ésta era otra historia y escoger a alguien basado en su reseña biográfica no se reveló como algo tan fácil.

Una vez que escogí a la donante, el siguiente paso fue encontrar a la mujer que iba a prestar su vientre para cargar al bebé. Mis abogados me aconsejaron que sería mejor hacerlo de forma anónima. Me explicaron que las madres que cargan los niños están totalmente acostumbradas a seguir un embarazo normal y que algunas hasta lo prefieren así porque es como si estuvieran embarazadas con su esposo. Así siguen con sus vidas de manera natural. De hecho, la gran mayoría de los casos de maternidad subrogada se hacen de manera privada y sin contacto, como si fuese una adopción. Hay adopciones abiertas en las que todos los involucrados se ponen de acuerdo para seguir en contacto, pero también hay adopciones cerradas donde las mujeres que están dando sus bebés en adopción no quieren después tener ninguna conexión con el bebé o con los padres que lo van a criar. Y los padres adoptivos también muchas veces prefieren no tener ninguna conexión con la madre biológica. Esto es igual. Las madres que donan sus óvulos y las madres que cargan los bebés entienden y están de acuerdo con el hecho de que el padre o la madre que va a criar el niño no quiera tener vínculo con quienes ayudaron a traer a esa criatura al mundo.

También existe la subrogación abierta, en la que la madre subrogada sí puede estar en contacto con la familia y, eventualmente, el niño. Todo depende de lo que mejor funcione en el caso particular de cada cual. En mi caso me pareció que lo mejor era que fuera cerrada.

Yo estuve en contacto con la madre que cargó a mis hijos durante todo el embarazo, por Internet. Pero lo hicimos de manera anónima. También estuve en contacto con sus doctores y pude hablar con regularidad. Aunque no estuve a su lado físicamente, la acompañé a todo lo largo del embarazo y me aseguré de que estuviera recibiendo los mejores cuidados.

Si mis hijos, cuando ya sean más grandes, quieren saber quién fue la donante, pues yo podré enseñarles fotos; tienen todo el derecho de saber ya que ella, de alguna manera, es parte de su historia. Pero ella pidió que no tuviéramos contacto. Ella dice que en realidad no tuvo mucho que ver con esto, y que no es que ella estuviera sintiendo la necesidad de tener hijos. Dice que simplemente lo hizo por el hecho de poder asistir a otros en formar una familia y que eso para ella es una bendición suficiente.

Por otro lado, la mujer que cargó a los niños no tiene ninguna conexión genética con ellos. Ella sólo prestó su vientre. Estoy muy agradecido por lo que hizo y si lo hago de nuevo en un futuro, me encantaría que fuera ella quien cargara mis hijos otra vez. Ella ya había pasado por el proceso anteriormente y fue recomendada por la agencia. Cuando la entrevisté, le pregunté por qué hacía esto, y ella me respondió: "Soy una mujer muy espiritual y nunca me he sentido más cerca de Dios que en el momento en que puedo entregar el regalo de la VIDA a una persona que no lo puede hacer por sí solo o sola".

Me encantó su respuesta. Sentí que estábamos alineados en nuestras creencias y sus palabras me inspiraron un gran respeto. Para mí fue un honor que una mujer como ella cuidara de mis hijos durante nueve meses y le estoy eternamente agradecido por el entorno tranquilo y saludable que les proporcionó.

Empecé con todo este proceso mientras estaba en la gira Blanco y Negro. Fue más o menos en agosto que por primera vez escribí la palabra "subrogación" en Google y comencé a buscar todo lo que pude sobre el tema. Poco después empecé el proceso de selección de la donante y la madre que prestaría su vientre, al igual que todas las pruebas médicas y los papeles legales que hay que hacer. La gira terminó en noviembre y alrededor de dos meses más tarde, me enteré que la madre de subrogación estaba embarazada. Ese año celebré Año Nuevo dando gracias por el milagroso regalo que me esperaba.

En el proceso in vitro, casi siempre se implantan dos embriones en el vientre de la mujer para incrementar las posibilidades y no tener que pasar por el proceso varias veces. Aunque desde el principio siempre supe que había dos embriones, suponía que sólo iba a tener un hijo. Pero claro, no era suficiente con que fuera a ser padre, la vida me tenía que dar otra sorpresa más, y esta vino a las doce semanas de embarazo cuando me dijeron que ¡iban a ser mellizos!

Un gran amigo que me conoce bien y que ha trabajado conmigo por más de veinte años me dijo:

—Chico, ¿tú no puedes hacer ni una cosa normal en tu vida? Siempre tienes que hacer las cosas de manera espectacular... ¡Parece que contigo esa es la única forma!

No puedo alcanzar a describir mi alegría cuando supe que eran dos. Ya estaba ilusionado ante la perspectiva de tener un hijo, pero dos... fue terriblemente emocionante. Comencé a prepararme para ser el padre soltero de dos niños y leí todo lo que pude encontrar. El único problema fue que me di cuenta que me faltaba un nombre, y eso para mí era tremendo problema porque se me había hecho muy difícil escoger el primero. Busqué en todas las culturas: Pasé por la India, Brasil, Egipto... busqué hasta entre los nombres de los indios taínos, los indígenas de la isla de Puerto Rico. Y al fin decidí que se iba a llamar Matteo, que es un nombre hebreo que significa "regalo de Dios".

Pero ahora tenía que buscar otro más, porque hasta ese punto al segundo bebé sólo le decíamos "Bebé B" (como le ponían en los resultados de las ecografías). A pesar de eso, no fue tan difícil como el primero porque cerré los ojos y visualicé un chico valiente y sin miedos. Por eso lo llamé Valentino, porque es como un guerrero: Valentino el Valiente.

Los seis meses siguientes que tuve que esperar a que nacieran me parecieron eternos. Como es natural, cuando una mujer está embarazada de mellizos siempre hay más riesgos y a mí eso me tenía muy preocupado, por lo tanto me mantuve en contacto constante con la madre que estaba cargando a los niños para asegurarme de que todo fuera bien.

Pero en medio de todo, lo que sentía en el fondo de mi alma era una felicidad absoluta y me imagino que las personas que ya tienen hijos lo comprenden mejor que nadie. Es como pasarse nueve meses esperando el regalo más maravilloso de todos. Lo único que quería hacer era pararme en el techo de mi casa y gritarle al mundo la buena noticia. Pero tuve que ser muy cauteloso porque no quería que nada fuera a afectar a la mujer que estaba cargando a mis hijos. Quería que ella tuviera toda la paz y toda la calma para que su embarazo se diera de la mejor forma posible. Si por alguna razón los medios se hubieran enterado, quizás habrían tratado de descubrir quién era y la habrían comenzado a asediar con preguntas. Además de que yo no quería que la perturbaran porque no quería que nada la afectara a ella ni a mis hijos, me habría sentido terriblemente responsable de imponerle ese tipo de presión e invasión de la privacidad a otra persona. Decidí llevar la vida pública que llevo y por eso asumo las consecuencias, pero no quisiera imponerle eso a nadie más.

Así que para asegurarme de que el secreto se mantuviera a escondidas del resto del mundo, además de mis padres, sólo le dije a tres personas. No es que yo desconfiara de mis amigos, pero me daba nervios que de la emoción a alguien se le saliera sin querer, lo cual habría sido un desastre. Incluso hubo algunos amigos —y ahí es cuando te das cuenta de quienes son los amigos de verdad— que cuando les dije que iba a ser papá y la manera en que lo estaba haciendo, me pidieron que nos les contara nada porque no querían correr el riesgo de que algo se filtrara a los medios y que ellos estuvieran en la lista de personas que podrían ser responsables... Ellos estaban conmigo en todo momento asegurándose que yo estuviera bien, pero no querían saber más de lo necesario. Y por esa lealtad y ese cariño siempre les estaré agradecido.

Como buen padre primerizo, mientras esperaba a que nacieran mis niños, me leí todos los libros habidos y por haber: libros de desarrollo infantil, libros sobre mellizos, libros sobre los primeros meses de vida. Hay muy pocos libros para padres solteros (y los que existen son para quienes están saliendo de un divorcio), entonces me leí todo lo que encontré para estar debidamente informado. Me pasé todo el tiempo leyendo en Internet, aprendiendo, preparándome. Mi cerebro era como una esponja, quería saber todo y cualquier cosa sobre cómo ser el mejor padre posible. Al mismo tiempo sabía que lo más importante de ser padre no se puede aprender en un libro o a través de los consejos de otra persona. Es un instinto que sólo aparece cuando tienes a tu bebé en tus brazos y empiezas a saber interpretar sus llantos, ruidos, risas, sonrisas y movimientos. Un instinto que no sabes que tienes hasta que se llega el momento.

Estuve en el hospital cuando llegaron al mundo. Mis hijos nacieron por cesárea, y en cuanto salieron del vientre de la mujer que los cargó y los cuidó, los trajeron a mi cuarto donde estaba la incubadora. Estaba una enfermera allí que les revisó todo: el pulso, la temperatura, el color, el tamaño, todo. Traquetearon mucho a esos pobres niños, y ellos temblaban con sus llantos. Pero aunque yo estaba tan emocionado que me sentía al punto de explotar, no lloré. Ni un poquito. Yo quería pegar un grito al cielo de lo feliz que estaba. "¡Dámelos!", quería decirle a la enfermera apenas entró en la habitación, "los quiero cargar ahora mismo".

Las siguientes semanas fueron como un borrón. Como casi todos los padres primerizos, estaba obsesionado con los niños. No me quería perder un solo instante de su existencia. Eran los niños más preciosos que jamás hubiera visto y no podía parar de mirarlos. Casi nunca los soltaba mientras estaban despiertos. Y no dormía. Pero en lo que se considera el hogar "típico" de un recién nacido, casi siempre hay dos padres y un bebé. Una responsabilidad compartida, y muy poco tiempo para descansar. En mi caso había dos bebés y un padre, y descansar no era en realidad una opción. Pero no me importaba. Ahora eso no quiere decir que estuve solo durante esos días —estaba rodeado de la gente que más quiero y todo el mundo estaba dispuesto a ayudar. Pero había ciertas cosas que yo quería hacer yo mismo. (Ya sabes, cositas como darles de comer, bañarlos, ponerles los pañales, acostarlos a dormir). Y como yo todo lo hago en extremo, quería hacerlo todo para ambos niños al mismo tiempo. Jamás olvidaré la primera vez que cada uno me miró a los ojos. Fueron los momentos más preciosos de toda mi vida. Momentos que no sabía que estaba esperando. Fueron *nuestros* momentos.

Tengo a una amiga cercana que es médico y ella me recordó que tenía que crearles una rutina o sino su crianza se volvería una pesadilla para todo el mundo. Pero lo que se me olvidó fue que yo también tenía que seguir el mismo horario. Y cualquier padre primerizo conoce la regla básica: cuando el bebé duerme, tú duermes. Punto. Ya sea por diez minutos, una hora, puede ser que sea la única ocasión que tengas para dormir. Pero yo no quería. Estaba tan enamorado de ellos que cuando estaban dormidos, lo único que quería hacer era *verlos* dormir. Llegó a un punto en el que mi madre (que estuvo conmigo desde el día en que nacieron) me dijo:

—Hijo, estás hecho un zombie. Me estás hablando y te quedas dormido en la mitad de la frase. Por favor, por favor, acuéstate y descansa. Eres un padre increíble pero déjanos ayudarte.

Seguí su consejo y me quedé dormido en segundos. Pero eso fue, literalmente, lo que tuvo que suceder para que cerrara los ojos y descansara. Simplemente no quería perderme nada de la vida de mis hijos. Y hoy tampoco quiero perderme nada. Pero aprendí una lección importante en esos días y fue que tenía que cuidarme a mí mismo para poder cuidarlos a ellos.

Y no fue sino hasta un par de semanas más tarde que exploté en llanto. Un día, después de regresar a la casa, yo me puse a ver televisión mientras los niños dormían. Vi un programa en el que se estaba hablando del nacimiento de mis hijos —ya para ese entonces había salido la noticia a los medios— la reportera de repente miró a la cámara y dijo "Nos alegramos mucho por ti, Ricky, te mereces todo lo mejor. ¡Felicitaciones!". Entonces fue que me cayó todo de repente. Creo que en ese momento al fin me di cuenta de que esos dos pequeños que estaban en sus cunas eran de verdad *mis* hijos —¡y yo era su padre! Fue algo hermoso. Pero fue un sentimiento tan fuerte que corrió por todo mi ser, una alegría tan profunda que no podía dejar de llorar. Mi madre vino y me abrazó por un largo rato, como cuando era pequeño —fue un momento muy profundo. Estremecedor.

TODO TIPO DE FAMILIAS

HAY GENTE QUE dice que esto no es justo, que para ser equilibrados, todos los niños necesitan un padre y una madre. Yo digo que están equivocados. ¿Cuantos millones de niños crecen sin madre? O, es más, ¿cuantos crecen con una madre que no los quiere? ¿Cuantos millones de niños crecen sin padre? O, peor, ¿sabiendo que su padre existe pero no se preocupa por ellos porque simplemente no los quiere? Según la Oficina del Censo de los Estados Unidos, el número de padres solteros que viven con sus hijos aumentó de un 25 por ciento durante el decenio de 1990. Cuando mis hijos me pregunten, yo les voy a decir: "Yo los quería tanto, tanto y tanto, que con la ayuda de Dios hice todo lo que fue necesario para que ustedes llegaran a mi vida".

También estoy aquí para decirles que hay mucha gente muy exitosa que se crió sin padre o madre. Por ejemplo, el actual vicepresidente de los Estados Unidos, Joe Biden, fue un padre soltero que crió a sus dos hijos después que su esposa y una hija fallecieron en un accidente automovilístico. El actual presidente de los Estados Unidos, Barack Obama, se crió sin la presencia de su padre. También está el medallista olímpico Michael Phelps, el ex presidente Bill Clinton, Bill Cosby, Tom Cruise, Christina Aguilera, Julia Roberts, Demi Moore, Alicia Keys, Angelina Jolie... sólo por nombrar a unos cuantos. Así que supongo que es más normal de lo que parece, ¿no? Además conozco personas que crecieron en un hogar donde tenían un padre y una madre y desafortunadamente terminaron siendo personas bastante desubicadas, desafortunadas y problemáticas.

Es un error suponer que porque yo soy padre soltero,

mis hijos no están rodeados por mujeres maravillosas. Sí lo están. Mi madre, por ejemplo, juega un papel primordial en sus vidas, además de en la mía como padre. Es la mano firme que me guía, me aconseja y me va mostrando las labores de ser padre. Pero sobre todo y ante todo, ella les da todo el amor del mundo e incluso un poco más. Y muchas de mis amistades más cercanas son mujeres increíbles que quieren a mis hijos como si fueran sus propios sobrinos. En últimas eso es lo que más importa: es igual si mis hijos reciben amor de un padre, una madre, un abuelo o un tío. Lo importante es que lo reciben y lo continuarán recibiendo el resto de sus vidas.

Mis hijos están creciendo en un hogar rodeados de gente que los quiere y que quiere lo mejor para ellos. Lo considero un privilegio. Quiero que ellos crezcan con sus mentes abiertas ante la vida. No van a tener ningún problema con tener un papá que es padre y madre a la misma vez. Al contrario, estarán orgullosos de su familia porque gracias a ella van a mirar el mundo sin prejuicios y sin juzgar a los demás. Eso es algo que he notado en otros niños que son hijos de padres solteros que han hecho lo mismo que hice yo. Son niños que están en una onda muy especial, a otro nivel.

El día que Matteo y Valentino me pregunten por qué no tienen mamá, pues yo les explicaré que todas las familias son únicas. Hay familias que tienen un papá, una mamá y un bebé. Hay familias que tienen un papá, una mamá y dos bebés. Hay familias que tienen un papá, una mamá y cinco bebés. Hay familias que tienen una mamá solamente, con cuatro o cinco bebés. Hay familias que tienen dos mamás con dos bebés. Hay otras que tienen dos personas que se quieren pero que no tienen bebés. En este momento ellos tienen a un papá que hace el trabajo de un papá y una mamá con dos bebés, y eso hace que nuestra familia sea especial y única. Y ser único es maravilloso.

Yo estoy listo para la pregunta porque sé que cuando ellos estén listos me la van a hacer. Una vez que un niño tiene la capacidad de procesar una pregunta es porque está preparado para recibir la información de la pregunta y comprender la verdad de la respuesta. Si esa respuesta contiene demasiada información para su mente, entonces la va a ignorar y va a seguir jugando con sus juguetes por unos cuantos meses más hasta que esté listo para volver a hacer la pregunta. Y una vez más, si no entiende la respuesta, la va a volver a ignorar hasta que esté listo para preguntar de nuevo. Independientemente de cuántas veces me pregunten y cuántas veces les tenga que responder, yo les seguiré explicando todo una y otra vez hasta que lo entiendan bien.

Sé que algún día quiero tener más hijos porque ha sido increíble la experiencia de tenerlos a mi lado casi constantemente. En los dos últimos años desde que nacieron, nunca he pasado más de dos noches lejos de ellos y eso fue sólo una vez. Como la gran mayoría de los padres, no quiero estar lejos de mis hijos ni siquiera un instante porque cada día trae algo nuevo y único. Agradezco tener la posibilidad de organizar mi vida para atender sus necesidades y he tenido el privilegio de estar presente en todos los momentos importantes de sus vidas. Atesoro profundamente el tiempo que paso con ellos y me encanta ir viendo cada cosa que hacen y empiezan a decir. Aunque sean mellizos, cada uno tiene su personalidad única y su manera de hacer las cosas. Son individuos muy diferentes, pero se complementan perfectamente.

Me han enseñado mucho. De ellos he aprendido lo que es el amor incondicional, y por mi experiencia en el amor puedo decir que no hay más nada como esto. No importa lo que haga por ellos —ya sea darles de comer, cambiarles el pañal o bañarlos—, lo que recibo a cambio es una sonrisa. Y no hay nada mejor. Cuando me dan esa sonrisa pienso: "Que se caiga el mundo. Esta es la felicidad más grande que pueda haber".

La mayoría de la gente da porque quiere recibir algo a cambio. Es como una transacción —si me quieres yo te quiero y si me das un abrazo yo también te daré uno. En las relaciones de pareja, en el trabajo, en las amistades, a veces es así, ¿no? Si tú me amas con dos pasos yo te amo con dos pasos. Pero el amor entre padres e hijos no es así. Eso es amor de verdad. No hay nada más que buscar. Y ese tipo de amor comienza cuando uno se quiere a sí mismo. Cuando aprendemos a aceptarnos y a amarnos a nosotros mismos tal y como somos, entonces podemos dar amor sin esperar nada de vuelta. Entonces encontramos que recibimos mucho más amor del que podíamos imaginar posible. Porque cuando otros ven que uno está lleno de amor y da sin pedir o esperar nada de vuelta, no le temen a abrirse por completo.

Lo único que sí voy a confesar que me da miedo es el hecho de que mis hijos van a tener que aprender a vivir en la mira del público, y que van a haber personas que van a querer invadirles su privacidad por el sólo hecho de ser mis hijos. Esto me causa ansiedad porque no sólo ya empezó, sino que quisiera poder evitarlo del todo.

Desafortunadamente, o afortunadamente, esta es la vida que les tocó y este es el camino de vida que les tocará recorrer. Es parte de su viaje kármico y simplemente tienen que pasar por él como parte de su desarrollo espiritual.

Lo que sí es cierto es que no voy a dejar que mis hijos vivan en una jaula. La vida hay que vivirla al máximo y en ese sentido quiero que ellos sean muy saludables y que adquieran sus propios rasgos y personalidades a medida que vayan creciendo, por medio de sus propias experiencias individuales. Quiero que no le teman a nada, que sean transparentes y libres, y sobre todo quiero que viajen y que conozcan el mundo.

Cuando joven yo muchas veces me fui a Europa solo para pasar mi cumpleaños y el Año Nuevo. Yo solo. Mi madre me decía: "¿Tú estas loco? ¿Qué te pasa a ti? Primero que todo, ¿por qué tienes que irte solo? ¿Y por qué tiene que ser tan lejos?".

Y yo le respondía: "Mami, déjame que estoy bien aquí".

Una noche quise pasar el Año Nuevo sentado debajo de la Torre Eiffel, y lo logré. Me acosté en el parque en frente a la torre y a las doce de la noche me dije: "¡Feliz Año Nuevo!". Lo mismo hice una vez para mi cumpleaños. Fue maravilloso sentir que estaba haciendo algo que sólo yo quería hacer y que lo estaba haciendo por mí mismo y nadie más.

Yo quiero que mis hijos tengan experiencias como esas. Quiero que sean independientes y que vivan la vida que sueñen. Espero que vayan haciendo su camino, a su manera, y yo los apoyaré a cada paso.

Soy puertorriqueño y mis hijos también lo son. Quiero que siempre sean conscientes de su origen, pero más que nada, quiero que mis hijos se consideren ciudadanos del mundo porque es eso lo que les dará la visión global que van a necesitar para ser hombres del siglo XXI.

Siempre me esforzaré por darles a mis hijos todo lo que necesiten. Pero lo importante en la vida no son las cosas materiales sino las experiencias. Quiero que tengan muchos recuerdos porque eso es lo que hará que lleven vidas llenas.

Y como yo tengo conocimiento de primera mano de la importancia de siempre mantener la conexión con ese niño interior, voy a hacer todo lo posible para que ellos acaricien la inocencia de la infancia por muchos años. Y a lo largo de sus vidas haré lo posible por proteger su integridad como seres humanos. Estoy seguro de que nada de lo que deseo para mis niños es diferente a lo que en el fondo todos los padres quieren para sus hijos.

A mis hijos les diré: "Yo quiero que ustedes estén felices y que siempre sepan que mi amor es incondicional. Y eso quiere decir *sin condiciones*. Estoy aquí para ustedes".

Yo quiero que ellos siempre sientan que me pueden decir cualquier cosa, que yo los voy a escuchar y que siempre les voy a decir la verdad. Ellos no deberán sentir miedo de venir a decirme cualquier cosa. Deben saber que cualquier consejo que yo les dé vendrá siempre, en primer lugar, de mi experiencia, y en segundo lugar, de mi amor por ellos. Puro amor. Les diré: "Estoy aquí para ustedes. Les puedo decir cuáles son las consecuencias de ciertas acciones o decisiones, y les puedo decir lo que yo pienso serán las consecuencias de hacer tal o tal cosa, basado en lo que yo he visto y he vivido. Les puedo dar estadísticas que indiquen que si hacen tal cosa, probablemente sucederá tal otra. Pero no puedo decidir por ustedes".

Al fin de cuentas ellos tendrán que hacer lo que ellos

quieren hacer para convertirse en quienes ellos quieran ser. La realidad es que no importa cuánto yo los quiera, ellos siempre serán ellos y yo siempre seré yo. Y yo no puedo cambiar quienes son o como actúan, puedo simplemente guiarlos en la dirección que a mí me parece ser la más acertada. Se han escrito miles de libros acerca de cómo ser un buen padre, pero cada niño es completamente distinto. Cada mentecita es un universo diferente, y cada uno es dueño de sus acciones.

No importa cuánto uno quiera a una persona, la realidad de la vida es que uno no puede tomar las decisiones por otro. Aunque hagan exactamente lo que yo digo que deben hacer, y aunque crean que lo hacen sólo porque yo lo digo, son ellos los que decidieron seguir ese camino y no irse por su cuenta. Y si sólo hacen lo que yo digo, jamás aprenderán a examinar una situación, evaluar la información que les es dada, pesar las opciones y escoger entre alternativas. Tendrán que aprender a hacerlo por su cuenta porque yo no siempre voy a estar ahí para darles mi opinión o mi consejo. Y eventualmente sentirán resentimiento hacia mí.

Es más, puede ser que mi concepto de la felicidad sea para ellos la mismísima definición del dolor. Y es que, ¿quién soy yo para decirle a otro qué es lo que lo va a hacer feliz? Ellos tienen que descubrirlo por sí mismos.

Para mí, ahí es donde empieza la perfección mundial —en dejar que la gente sea como es, sin juzgarla. Déjame a mí ser como soy, y déjame vivir, ser y actuar como yo necesite actuar según mi realidad. Y yo haré lo mismo contigo. Yo no me voy a meter contigo, pero en este espacio mío, yo soy dueño de mi felicidad. Y si no te gusta, sigue tu camino, que no quiero que seas parte del mío.

En últimas lo que quiero es que mis hijos se acepten, se amen a sí mismos y que acepten a los demás, a pesar de que los demás no siempre los acepten a ellos. Haré todo lo posible para que mis hijos encuentren su felicidad dejándoles saber que cada uno de nosotros lleva en su interior la habilidad de sentirse realizados, siempre y cuando nos abramos a las lecciones que se nos ofrecen en el camino y estemos dispuestos a destapar ese tesoro que nos espera a cada uno dentro de nuestro propio ser.

Todavía están muy jóvenes para comprenderlo, pero Matteo y Valentino han jugado un papel esencial en convertirme en la persona fuerte y libre que soy hoy. Es gracias a ellos que me nació el deseo de escribir este libro y es también gracias a ellos que encontré la fortaleza para decidir vivir una vida transparente y sin secretos. Quiero que a la hora de crecer mis hijos se sientan perfectamente libres y que no haya nada —ni siquiera la vida de su padre— que los afecte. Ellos tienen que sentirse completamente orgullosos de quienes son y de donde vienen, y no quiero que nunca sientan la necesidad de guardarme un secreto a mí o a nadie. Ellos son mi mayor tesoro y son quienes me inspiran todos los días a ser una mejor persona, un mejor padre y un mejor ser humano.

OCHO

MI MOMENTO

MIRANDO HACIA ATRÁS SIEMPRE ES FÁCIL VER CÓMO UNA cosa llevó a otra y cómo cada momento de mi vida surgió por una razón. Pero cuando estaba en medio de todo, mirando hacia delante e intentando descifrar el siguiente paso, no siempre fue tan fácil. Sin embargo, hoy en día pienso que no sirve de nada preocuparse tanto por qué decisión tomar o qué camino seguir, porque a fin de cuentas la vida tiene su manera de guiarme hacia lo que más necesito cuando más lo necesito. Ni antes, ni después.

Todo tiene su tiempo. Así como comencé en el escenario con tan sólo doce años, por otro lado no fue sino hasta la década de mis treinta que llegué a sentirme cómodo con mi sexualidad. Cada cual tiene su camino, su historia por la que va avanzando a su propio ritmo.

Desde el momento en que hace unos meses le anuncié al mundo mi homosexualidad, mucha gente me ha preguntado: "Ricky, ¿por qué esperaste tanto tiempo para hacerlo?". Mi respuesta es muy sencilla: "Porque todavía no era mi momento". Yo tuve que pasar por todo lo que he pasado y vivir todo lo que he vivido para llegar al momento exacto en el que me sentí listo, tranquilo y completamente en paz conmigo mismo para hacerlo. Antes de poder aceptar mi realidad ante el resto del mundo, necesitaba aceptarme a mí mismo. Necesitaba quererme a mí mismo. Y aunque el proceso por el que pasé para llegar a ese punto no fue ni corto ni fácil, yo tenía que avanzar —y tropezar— a lo largo de mi camino espiritual para por fin encontrarme.

Ahora, ¿hubiera querido que ese momento llegara antes? Por supuesto, sobre todo si hubiera significado ahorrarme todo el dolor y la angustia por la que pasé. Pero honestamente, no creo que hubiera podido ser distinto a como fue. Yo necesitaba pasar por todo ese dolor para saber lo que realmente había muy dentro de mí. Yo necesitaba enamorarme de una mujer, de un hombre y vivir lo que viví en cada una de mis relaciones para enfrentarme a la verdad de lo que estaba sintiendo. Si hubiese decidido salir a la luz pública cuando tuve ese gran amor hace tantos años, quizás habría sido algo liberador en su momento, pero seguramente habría traído otra serie de dolores y angustias por el simple hecho de que en ese momento yo no estaba listo. La verdad es que no sé.

POR QUÉ FUE TAN DIFÍCIL

En el fondo yo siempre he sabido que soy gay, sin embargo, me pasé años y años tratando de ocultármelo a mí mismo. Desde que tengo recuerdo he sentido una atracción muy fuerte por otros hombres y aunque puedo decir que también he llegado a sentir mucha atracción y mucha química con mujeres, es el hombre el que en últimas despierta en mí lo instintivo, lo animal. Es el que me revuelve las entrañas y genera en mí todo el amor y la pasión que busco en una relación. Sin embargo, me pasé mucho tiempo negándome lo que sentía.

Todos conocemos a personas que son gay y en su propia casa tienen que escondérselo de sus padres porque ellos no lo pueden aceptar. Y aunque yo mismo cuento con todo el apoyo extraordinario de mi familia y mis amigos, durante mucho tiempo pensé que decirle al mundo lo que sentía era algo inconcebible. Socialmente hay tantos prejuicios en contra de los homosexuales que yo pensaba que nadie me iba a comprender, que iba a ser rechazado, pues esos son los códigos que escuché y aprendí desde la infancia. Así que desde mi adolescencia, cuando primero se me despertaron estos deseos, tuve que lidiar con ese gran conflicto entre mis emociones y mis pensamientos.

Desde chicos se nos enseña, se nos condiciona, a sentir atracción por el sexo opuesto. Cuando de pequeño vas al parque y estás jugando con los demás niños, tus padres y tus familiares te dicen, "Mira que bonita la nenita, mira qué guapa, ¿te gusta esa nena?" Y luego empiezas a ir al colegio, y cuando regresas a casa lo primero que te pregunta todo el mundo es "¿ya tienes noviecita?" Cultural y socialmente, estamos diseñados a sentir atracción por el sexo opuesto, lo que crea mucha confusión cuando se empieza a sentir algo diferente. En mi caso, yo siempre oí que la atracción por personas de mi mismo sexo era algo malo (al fin y al cabo, es lo que dicen algunas religiones), y desde muy temprano comenzó una lucha en mi interior entre lo que sentía y lo que pensaba que se esperaba de mí.

Por eso es que lo bloqueé. Por eso lo rechazaba y empleaba todas mis fuerzas en negarme a mí mismo los sentimientos que me surgían internamente. Si en algún momento tenía un encuentro con otro chico y sentía algo fuerte, algo que me movía el piso, yo de inmediato lo intentaba borrar de mi cabeza. Me decía, "¡No! Este no soy yo. Esto sólo fue una aventurilla". Por un lado creo que ni siquiera comprendía lo que me estaba sucediendo y por otro simplemente no estaba dispuesto a aceptar que yo no encajaba en la imagen que todo el mundo tenía de mí. Aunque después de cada vez que tenía una relación o un encuentro con otro hombre lograba, por así decirlo, archivar mis sentimientos, con el tiempo esto se fue volviendo más y más doloroso pues la contradicción dentro de mí era muy grande.

Pero por más que esa contradicción interna parezca absurda —y ese en un conflicto con el que eventualmente tuve que lidiar—, también es importante comprender que el resto del mundo no siempre es todo tolerancia, como quisiéramos que fuera. Hay muchas personas que simplemente no comprenden que en el mundo puede haber gente muy diferente a ellos, y por más que queramos hacer caso omiso de ellas, hay que comprender que son un factor —y un factor importante. No todo el mundo se puede llegar a sentir tranquilo con su sexualidad porque las presiones externas a veces son demasiado fuertes. Y eso, para mí, es una tragedia.

Creo que una de las razones por las cuales se me hizo tan difícil aceptar que soy gay es porque en mi carrera yo era considerado un ídolo latino, una estrella de la música pop, y para algunos, un símbolo sexual. No sé si es por ser latino y por la imagen que hay del "latin lover" en nuestra cultura, pero yo sentía que de mí se esperaba algo muy preciso, y ese algo era que tenía que seducir —y dejarme seducir— por mujeres. Yo miro a un gran artista como Elton John y me parece una maravilla como todos han aceptado su sexualidad. Pero yo no soy él y, culturalmente, sentía que las implicaciones de aceptar mi sexualidad ante el mundo iban a ser más complicadas. Tal vez si hubiera habido otro artista u otro ídolo latino que lo hubiera hecho antes que yo, hubiera sentido menos miedo. Pero la realidad es que no tenía a nadie más que me sirviera de modelo y eso, en mi cabeza, contribuyó a que me pareciera inconcebible. Yo no sé si era algo cultural o religioso o moral... no sé. Sólo sé que durante mucho tiempo, y sin darme cuenta del daño que me estaba haciendo a mí mismo, cargué con una cantidad de cosas que no me dejaban ser libre.

Mirando hacia atrás, me doy cuenta de que en todos estos años llegué a pasar por unos momentos bien oscuros de dolor, coraje y autorechazo. Aunque en tantos otros aspectos —mi carrera, mi familia, mis amigos— mi vida era bendecida con cantidades de cosas maravillosas, había momentos en los que, cuando me iba a dormir en la noche, se me caía el mundo encima por todas las contradicciones que estaba sintiendo. Fueron momentos de mucho, mucho dolor. Es horrible sentir que uno no se quiere a sí mismo y, la verdad, no se lo deseo a nadie.

Pero como todo en la vida, el dolor trae sus lecciones. En mi recorrido espiritual, mis viajes a la India y lo que he aprendido a través de mi trabajo en contra de la trata humana, poco a poco fui encontrando aceptación. Tuve que aprender a mirar muy dentro de mi alma para escuchar ese silencio y encontrar mi verdad. Mi pura verdad, despojada de todas las demás presiones, expectativas, deseos y rechazos. Necesitaba aprender a verme y amarme tal y como soy. Ahora no sólo puedo decir la verdad, sino que también puedo hablar del dolor y del coraje que me causa la injusticia —y no sólo la injusticia de la trata humana, sino la injusticia por la que pasa cualquier ser humano que se siente juzgado por los demás. Tuve que comprender que en el mundo hay gente que te va a querer por quien eres, y hay gente que sólo quiere que seas como ellos, y el darme cuenta de esa realidad tan sencilla me impactó profundamente. Si yo mismo no me quiero y me escondo y me niego cosas, ¿cómo puedo pretender que las demás personas me quieran por quien soy? Reconocer eso fue un proceso largo para mí.

POCO A POCO

FUE HACE MÁS o menos cinco años que yo realmente comprendí, y sentí en lo más profundo de mi ser, que estaba listo para aceptar mi verdad. Había tenido tiempo para reflexionar, enamorarme, desenamorarme y vivir lo que tenía que vivir. Hasta ese entonces, aunque muy en el fondo de mi alma sabía cual era mi verdad, no la asumía y no sentía ninguna necesidad de decírsela al mundo. Por un lado sentía que no era asunto de nadie más, y por otro simplemente no veía en qué me iba a cambiar. A pesar de la fama, y aunque parezca que yo vivo una vida en la mira del público, la verdad es que mi vida personal la vivo en la privacidad de mi casa, rodeado de mi familia y mis amigos que también considero como familia, muchos de los cuales conozco desde hace décadas. Y como en mi entorno ya todo el mundo sabía y me aceptaba, entonces yo no veía la necesidad de decirle a nadie más. Aparte, el hecho de que todo se tuviera que vivir a escondidas le ponía cierto picante, cierta intriga a la situación que, no voy a negar, también me gustaba.

Aunque yo me sintiera cómodo con mi gente, yo creo que no quería decírselo a nadie más porque me daba miedo pensar que no sería aceptado. Pensaba: mi familia y mis amigos me aceptan porque me quieren, pero ¿y el resto del mundo qué? ¿Me va a juzgar? ¿Van a dejar de comprar mis discos? ¿Me van a rechazar?

Como artista, uno siempre busca la aceptación y adoración del público. Entonces yo me preocupaba porque pudiera afectar mi carrera. ¿Qué iba a pasar si yo dejaba de vender discos? ¿Y si nadie iba a mis conciertos? ¿Entonces tendría que dejar de hacer lo que más quiero? Hoy en día me doy cuenta de lo absurdo de esas preguntas, pero en su momento, me parecían completamente válidas e importantes. El mundo ha cambiado y para muchos la sexualidad de un artista no cambia en nada la manera en que es percibido. Pero como yo estaba sufriendo, sólo veía las cosas que me causaban miedo. Y como me daba miedo salir y decirle al mundo mi verdad, me llenaba de razones para no hacerlo.

Mucha gente a mi alrededor —mis amigos, mi familia, mis colaboradores— también tenía miedo. Aunque sé que todos quieren lo mejor para mí, muchos se sentían nerviosos de pensar en cómo todo esto me podía llegar a desestabilizar, no sólo desde un punto de vista profesional, pero también personal. Varios me sugirieron que no lo hiciera, que no había necesidad, que mi sexualidad es asunto mío y de nadie más. Y aunque hasta cierto punto tienen razón, dentro de esa razón también había una pequeña dosis de prejuicios que son sumamente dañinos. A pesar de todos sus consejos y su amor, por una vez tenía que pensar en mí, sólo en mí, y escuchar lo que me estaba intentando decir el silencio.

Así lo hice. Así pude ver mi realidad de frente.

Entonces, a partir del momento en que acepté esa realidad, comencé a buscar la manera de comunicársela al mundo. Todavía no sabía cómo iba a ser, si a través de un concierto, una carta, un libro o una canción. En ese momento, yo tenía una frase que me repetía a mí mismo como mantra, que decía: "Dios, cosmos o como quiera que te llames, enséñame la mejor manera de hacerlo". Me lo repetía todos los días y mantenía los ojos abiertos. Intentaba visualizar el momento y todo ese proceso de búsqueda me fue acercando cada vez más a mi realidad.

Empecé a hacer algunos cambios. En mis conciertos, en la gira Blanco y Negro, comencé a introducir palabras y frases que hablaban de lo que estaba viviendo. Hicimos un video en particular en donde mi piel "habla" a través de mis tatuajes y van apareciendo palabras como "acéptate", "cambia tu vida", "ama", "descúbrete", "cuestiónate", "perdónate". Eran palabras que iban enfocadas a mi público, yo quería inspirar todo eso en ellos, pero también en mí. Estaba pasando por un proceso de renacimiento y cada cosa que hacía la hacía con el deseo de sacar a la luz mis secretos y mis angustias para reconectarme con quien soy.

Cuando nacieron Matteo y Valentino, me di cuenta de hasta qué punto me era necesario encontrar transparencia y verdad en mi vida. Aunque cada día yo me sentía más y más en paz conmigo mismo porque sabía que estaba buscando la manera y esperando a que llegara mi momento, el nacimiento de mis hijos definitivamente aceleró el proceso. Cuando por primera vez los tuve entre mis brazos no sólo comprendí lo bella y sencilla que puede ser la vida, sino que sentí la necesidad de ser transparente con ellos. Me di cuenta de que lo que más deseo en el mundo es que ellos vivan unas vidas completamente libres, y que donde sea que estén siempre se sientan orgullosos de ser quienes son. Y para poder enseñarles eso, tenía que empezar por casa.

Yo no voy a vivir una mentira y mis hijos tampoco. No quiero que mis hijos tengan que mentir por mí o vivir con los ojos tapados. Quiero ser honesto con ellos para que ellos puedan ser honestos con el mundo. Matteo y Valentino son mis ángeles, mis angelitos, son mis hijos, y por ellos yo sé que soy capaz de hacer cualquier cosa. Hoy en día sé que tengo que estar equilibrado y feliz con quien soy para que ellos me admiren y comprendan que su papi los ama con el alma. Porque si no lo hago, los estaría enseñando a mentir y a esconderse del mundo en lugar de enfrentarse a él con todo la fuerza y el orgullo de ser quienes son.

Mis hijos crecerán y eventualmente irán a la escuela, y ahora siento tranquilidad de saber que nunca van a tener que mentir por mí. Cuando los amiguitos les pregunten por su papá, ellos podrán explicarlo, sin censura, sin miedo. Quiero que estén orgullosos de su padre, así como yo siempre me sentiré orgulloso de ellos, sea lo que sea que la vida les traiga o lo que decidan hacer con sus vidas.

Ese es el mundo que yo estoy creando para mis hijos —y sé que somos muchos los que estamos creando una nueva generación que conocerá el verdadero significado de la aceptación y la tolerancia y que desconocerá el significado de la palabra prejuicio. Es un mundo donde de verdad no importa si uno es bisexual, homosexual, heterosexual, o transgénero y cada cual es lo que es.

LUCHAR CONTRA LOS PREJUICIOS

TODAVÍA NOS QUEDA mucho camino por recorrer. Si el mundo ha cambiado, mi opinión es que aún no ha cambiado lo suficiente. Es posible que hoy en día haya menos prejuicios que cuando yo era pequeño o que hace cien años, pero eso no quiere decir que los prejuicios no sigan existiendo y que no quede aún mucho trabajo por hacer. Hay una historia muy larga y muy terrible de persecución a los homosexuales, y es trágico pensar en todas las vidas que se han visto dañadas, heridas y destruidas por los prejuicios de los demás. Pienso en genios de la literatura como lo fueron Federico García Lorca y Oscar Wilde, quienes, a pesar de toda su genialidad y la herencia maravillosa que le han dejado al mundo a través de su obra, fueron perseguidos en vida por ser homosexuales. ¿Qué sentido puede tener eso?

Tristemente el mundo actual sigue, en cierta forma, perpetuando estos prejuicios. Los medios de comunicación frecuentemente caricaturizan a los homosexuales como si fueran personas unidimensionales sin profundidad alguna, como si un ser humano se pudiera reducir a su sexualidad. El lenguaje mismo que se utiliza en todo el mundo para denominar a los homosexuales es terriblemente degradante: se utilizan palabras como "maricón", "puto", "pato", "trolo", y todas esas palabras no hacen sino fomentar el odio y la discriminación en las nuevas generaciones por la carga emocional que estas traen. Silenciosamente van construyendo un ambiente de intolerancia y homofobia en la que los jóvenes sienten miedo de ser quienes son. Y no voy a mentir, yo también las usé, yo también en algún momento insensible me burlé de quienes eran como yo. Pero claro está, me di cuenta que lo hacía porque si actuaba de esa manera les podía demostrar a los que me rodeaban que yo era "heterosexual". Y ahora creo que uno sólo puede odiar aquello que trae muy dentro de sí, aquello que es muy propio. Si no fuese así no perderíamos el tiempo en un sentimiento tan destructivo y doloroso como el odio. Sigue habiendo muchas personas que se oponen rotundamente a la homosexualidad, que la rechazan y la repudian, diciendo que es algo que va en contra de la naturaleza humana y que es inmoral. Entonces yo pregunto: ¿Cómo se puede pensar que el amor entre dos personas va en contra de la naturaleza humana? ¿Acaso hay algo más natural que el amor? Lo que está mal —lo que es infinitamente cruel e injusto— es discriminar a alguien por ser como es. Lo que está mal es pretender que hayan ciudadanos de primera y de segunda categoría, y que no todos tengan los mismos derechos.

Eso es lo que está mal. Eso es lo que es inaceptable.

La generalización causa la discriminación y mientras en este mundo todavía haya personas dispuestas a etiquetar a los demás según su nacionalidad, su raza, su género o su sexualidad y el color de su pelo, siempre habrá discriminación. Por eso hay que pararla. Así como nunca permitiré que nadie diga nada en contra de los hispanos, nunca jamás permitiré que en mi presencia se hagan comentarios peyorativos respecto a la comunidad gay. Siempre exigiré que a cada cual se le trate como individuo, independientemente de cómo lo "etiquete" la sociedad.

Ojalá yo pudiera decir que soy homosexual por esta, esta y esta razón. Pero no puedo. Hasta donde yo sé, nadie anda explicando por qué le gusta el sexo opuesto, por qué prefiere a las rubias o por qué no le gustan los calvos. Uno siente lo que siente y pretender explicarlo es, además de inútil, un error. La atracción no tiene una razón lógica, simplemente sucede y nosotros los humanos lo único que hacemos es reaccionar a ella.

Siempre he pensado que la atracción, como el amor, es una cuestión de almas que se encuentran y chocan. Las almas no son femeninas o masculinas, simplemente se encuentran y cuando hay una conexión, cuando ocurre ese algo que te agarra y te revuelca las entrañas, ahí es cuando nace la magia y el amor.

El amor no tiene sexo. Yo he estado profundamente enamorado de un hombre, como también lo he estado de una mujer. He sentido esa conexión visceral, ese deseo de estar siempre juntos, de saberlo todo del otro, esa necesidad y esa pasión por la otra persona. ¿Significa entonces que porque soy homosexual no puedo sentir algo muy fuerte cuando estoy con una mujer? No. Insisto en que para mí las almas no tienen sexo, y así como con mi primer amor sentí algo muy fuerte que me movió el piso, yo con mujeres también he sentido una compatibilidad y un magnetismo muy especial. Pero mi instinto físico, animal, con quien yo de verdad me veo cuando entro en mi mundo de fantasías es con un hombre. Al final del día, yo voy adonde me llama mi instinto, mi naturaleza y punto.

Recuerdo que una vez hace muchos años, acabando de salir de una relación con un chico, fui y le dije a mi asistente:

—A mí nadie nunca me va a juzgar por con quién me voy a la cama.

Mi asistente, un poco sorprendido porque no sabía de qué estaba hablando, me respondió:

—Así es, Kiki, así es. Tú sigue pa'lante.

Aunque mi sexualidad sea diferente a la de la gran mayoría de las personas en este planeta, yo no considero que eso me deba definir más que el hecho de que me guste el helado de mango o que tenga dos hijos y el pelo marrón. De la misma manera en que no se puede juzgar a una persona por el color de su piel, su inclinación religiosa o su origen étnico, a las personas no se les puede juzgar en base a lo que hacen en la cama. Tarde o temprano, todos en esta tierra nos sentiremos injustamente discriminados por lo que somos, y por eso mismo todos tenemos el deber fundamental de luchar contra los prejuicios y hacernos respetar por quienes somos.

A finales de 2009 empecé a leer de varios casos de crímenes de odio que habían ocurrido en mi isla y en otras partes del mundo; eso despertó en mí un coraje que no puedo poner en palabras. Los casos fueron tan escabrosos y tan aterradores que no puedo sino sentir repulsión, indignación y un deseo de mover montañas para que estas cosas dejen de suceder. El coraje que sentí me inspiró a sentarme a escribir una carta, que divulgué a través de Twitter:

Aceptar

Como defensor y activista de los derechos humanos, he sido testigo de innumerables milagros. He visto la extraordinaria capacidad que tenemos los seres humanos de cicatrizar. He visto tanto a gobernantes como a ciudadanos privados intentando cambiar políticas públicas y enfrentando batallas de amor que desembocan en acciones positivas para nuestra sociedad.

También he visto como niños y niñas en distintas partes

del mundo han podido librarse de las garras de la esclavitud de una nueva era (trata humana). He visto como grandes seres humanos renuncian a sus "vidas de lujo" para ayudar al más necesitado. En fin, milagros que fortalecen la fe que mis padres me inculcaron. Una fortaleza espiritual que anhelo también hereden mis hijos. Cuando los observo descubriendo el mundo, pienso que la bondad es uno de los regalos más grandes que les podré dejar.

Por otra parte, he visto estampas de sufrimiento que me arrebataron la inocencia pese a querer aferrarme a ella. Poder viajar alrededor del mundo desde pequeño y ser testigo de crímenes inimaginables contra la humanidad me robó parte de esa inocencia. Debo confesar que el peor momento de mi vida fue cuando olvidé también al niño que vivía dentro de mí. Ustedes saben, ese niño que todos tenemos dentro y que continuamente nos recuerda la importancia de enfocarnos en la belleza de la "simplicidad". (Aunque solamente escuchemos al "niño" de vez en cuando). Pero esos momentos de desconexión fueron hace muchos años, y gracias al trabajo que hago con mi fundación en mi diario vivir, tengo la fortuna de poder decir que me he reconectado con ese "niño".

Continúo aprendiendo de él. Una de las cosas más importante que he aprendido es GRITAR al mundo cuando te enfrentas con injusticias. Por eso escribo hoy.

Ando siempre por la vida intentado aferrarme a las cosas positivas que ésta me regala. Hago todo lo que puedo para mantener una actitud optimista. Soy agradecido. Llámenme romántico o persona no realista. Tal vez se trata de un mecanismo de defensa. O quizás se debe a que soy alguien que quiere romper con la cadena de pensamientos destructivos que tanto poder otorga a lo negativo y fácilmente envenenan el alma... Como seres humanos, a veces nos resulta más fácil ignorar el dolor y seguir caminando. "Esto no tiene que ver conmigo", podemos decir o "¿Por qué me debe importar?". Pero hoy siento que es imposible. Tiene que ver con nosotros y me preocupo.

Tengo que decir lo que tengo que decir para poder dormir mejor en la noche.

En las pasadas semanas he leído en la prensa muchos artículos que me estremecieron y, desafortunadamente se trata de hechos que suceden en todas partes del mundo y en repetidas ocasiones. Me parece imposible creer que en el año 2009 sigamos lidiando con escenarios tan violentos.

Como defensor de los derechos humanos, mi meta es buscar soluciones a las injusticias que muchos viven. Hablo de la discriminación, ya sea por raza, género, nacionalidad, religión, etnia, discapacidad, orientación sexual o afiliación política

GRITO:

—¿QUÉ PASA MI MUNDO?

Y estoy seguro de que cada quien tiene una respuesta distinta. Pero al final del día, la respuesta colectiva parece dirigirse a lo mismo:

—¡QUEREMOS LA PAZ!

Porque cuando creemos en la paz no hay espacio para la complacencia. Las muertes de Jorge Steven López, Matthew Shepard, James Byrd, Marcelo Lucero y Luis Ramírez, entre tantas otras víctimas de crímenes violentos "de odio", deben ser inaceptables para todos los seres humanos porque todos somos seres humanos. Está en nosotros cambiar el paradigma. Escucho cómo lanzan la palabra "tolerancia" en los medios cuando se trata de casos como éstos.

Una de las definiciones de tolerancia es "la capacidad para sobrellevar el dolor y las dificultades". Otra es "el acto de permitir que algo suceda". Para mí estas definiciones no incluyen la aceptación, en ninguna. Qué creen entonces, si en vez de decir: "necesitamos tolerar la diversidad" decimos, "necesitamos aceptar la diversidad".

Aceptar la diversidad es el primer y el más importante paso que podemos tomar para eliminar los crímenes de odio y para unirnos como humanidad.

Si ACEPTAMOS, la humanidad se une. Si la humanidad se une, la igualdad de los derechos humanos se convierte en realidad. Y si la igualdad de los derechos humanos se vuelve una realidad, la paz está a nuestro alcance.

En su momento no necesariamente me di cuenta, pero la escritura de esa carta fue el entrenamiento para la escritura de la carta que estaba por venir. Por un lado, en esta carta estaba soltando al mundo muchos de los pensamientos y reflexiones que llevaban años dando vuelta en mi cabeza. Mi coraje ante los crímenes de odio y la falta de aceptación fue también una manifestación del coraje que sentía ante mi propia historia: de alguna manera mi dificultad para aceptarme a mí mismo viene también del miedo que me causan esos crímenes de odio y la intolerancia de ciertas personas que son simplemente incapaces de aceptar lo que es diferente a ellos. Yo tengo la fortuna de tener una familia, de vivir en un mundo y de trabajar en un medio de mucha aceptación. Aunque la fama viene con muchas exigencias y presiones que quizás no sean las de todo el mundo, en medio de todo tengo la libertad de hacer con mi vida lo que yo quiero porque de alguna manera, la fama también me protege y me da el espacio para expresarme tal como soy. Tristemente yo sé que este no es el caso de todo el mundo y aunque de muchas formas el mundo sí ha cambiado, el hecho que sigan sucediendo crímenes de este calibre en nuestros días —que en lugares como Malawi, por ejemplo, haya hombres que van a la cárcel por el simple hecho de amar, ser homosexuales y hacer una ceremonia celebrando su unión— es, para mí, simplemente ilógico, absurdo y aterrador.

Sin embargo, en lo más profundo de mi ser, ya se estaba operando un cambio. En lugar de estremecerme ante actos tan horribles para luego replegarme en mí mismo y quedarme con la boca cerrada, sentí el impulso de hablar y expresar mi indignación. Tal vez también vino en parte de mi experiencia de pelear contra de la trata humana, contra los abusados y los explotados, pero el hecho es que decidí tomar acción a través de mis palabras.

La carta no se publicó en muchos medios, supongo que ese día había otras noticias que tuvieron "más importancia". Pero para mí, a nivel personal, ese día se abrió una puerta: la avalancha de apoyo que recibí a través de Twitter fue una sorpresa y una bendición. Siendo una persona tan acostumbrada al escenario y a tener la reacción inmediata del público, Twitter es para mí una herramienta soñada. Puedo escribir cualquier cosa, y de inmediato recibo las respuestas de cientos de personas que reaccionan a lo que digo dándome su opinión o compartiendo mis sentimientos. Me sentí tan cómodo y tan fuerte, que comprendí que esta sería mi manera, y Twitter mi herramienta.

LA CARTA

ENTONCES, COMENCÉ A escribir. Escribí y escribí, encontrando mucha calma. A ratos me sentía eufórico, en otros me ponía a llorar. El proceso mismo de la escritura fue un torbellino de emociones porque, aunque estaba haciendo algo que sabía que era necesario y vital para poder seguir adelante con mi vida, no dejaba de ser difícil el hecho de tener que poner algo tan personal en palabras.

Unos días antes de subir la carta a mi sitio web (y luego le hice enlace a través de Twitter), le conté a la gente a mi alrededor lo que quería hacer. Todo el mundo se puso muy nervioso, y de inmediato trataron de disuadirme con mil argumentos: que no era un buen momento, que la gente no lo comprendería, que me esperara a la publicación del libro, que no era buena idea hacerlo durante Semana Santa. Cada cual me ofrecía una razón y, aunque sé que esas razones venían de todo el cariño que me tienen y porque no me quieren ver sufrir, yo sé que cada cual también tiene sus propias razones y sus propios miedos de los cuales espero algún día se liberen. Pero en este caso era yo el que estaba listo para sacarme esto de encima porque ya mi trabajo espiritual lo había llevado a cabo.

Yo sé que si me desestabilizo, muchas otras personas —tanto colegas como amigos y familiares— también se desestabilizan, y eso causa mucho miedo. Pero esta vez, sabía que tenía que hacer lo que YO necesitaba hacer, no podía pensar en nadie más. Así que no hice caso a ninguna de sus recomendaciones y ya para el final, cuando me llegaron con el argumento de que no debía hacerlo durante

Semana Santa porque supuestamente ofendería a mis seguidores cristianos, les dije:

—¿QUÉ PARTE DE "NO PUEDO MÁS" NO ENTIENDEN? ¿Y yo en dónde quedo? En mi mundo, en mi espacio, "mi realidad" no es un pecado ni nada de lo que yo me tenga que arrepentir. Al contrario, ¡mi verdad la tengo que celebrar!

Martin Luther King, Jr. dijo unas palabras bellísimas que ahora siempre llevo muy cerca de mi corazón: "Nuestras vidas empiezan a morir el día que callamos cosas que son verdaderamente importantes". Ese 29 de marzo decidí ponerle fin al infierno que estaba viviendo en mi cabeza, para celebrar, justamente, mi propio renacimiento ante el mundo. Se trata de la muerte y la nueva vida en la que se cierran ciclos y se abren otros. ¿Qué tenía eso que ver con que fuera Semana Santa? Lo importante era que yo estaba listo para comenzar un nuevo capítulo en mi vida, y quería comenzarlo lo más pronto posible.

Y así fue que la carta se publicó. Es un texto del cual me siento profundamente orgulloso; cada vez que lo leo me conmueve recordar todo lo que tuve que pasar para llegar hasta allí.

En los últimos meses me di a la tarea de escribir mis memorias. Un proyecto que sabía sería verdaderamente importante para mí porque desde que escribí la primera frase me di cuenta que sería la herramienta que ayudaría a liberarme de cosas que venía cargando desde hace mucho tiempo. Cosas que pesaban demasiado. Escribiendo este minucioso inventario de mi vida, me acerqué a mis verdades. ¡Y esto es de celebrar!

Si existe un lugar que me llena porque estremece mis emociones, es el escenario, ese es mi vicio. La música, el espectáculo, el aplauso, estar frente al público me hace sentir que soy capaz de cualquier cosa. Es un tipo de adrenalina y euforia que no quiero que deje de correr por mis venas jamás. Si ustedes, el público y la musa, me lo permiten, espero seguir en los escenarios muchos años más. Pero hoy la serenidad me lleva a un lugar muy especial, uno de reflexión, comprensión y mucha iluminación. ¡Me siento libre! Y lo quiero compartir.

Mucha gente me dijo que no era importante hacerlo, que no valía la pena, que todo lo que trabajé y todo lo que había logrado colapsaría. Que muchos en este mundo no estarían preparados para aceptar mi verdad, mi naturaleza. Y como estos consejos venían de personas que amo con locura, decidí seguir adelante con mi "casi verdad". MUY MAL. Dejarme seducir por el miedo fue un verdadero sabotaje a mi vida. Hoy me responsabilizo por completo de todas mis decisiones y de todas mis acciones.

Y si me preguntaran el día de hoy, Ricky, ¿a qué le tienes miedo? Les contestaría: "A la sangre que corre por las calles de los países en guerra, a la esclavitud sexual infantil, al terrorismo, al cinismo de algunos hombres en el poder, al secuestro de la fe". ¿Pero miedo a mi naturaleza, a mi verdad? ¡NO MÁS! Al contrario, estas me dan valor y firmeza. Justo lo que necesito para mí y para los míos, y más ahora que soy padre de dos criaturas que son seres de luz. Tengo que estar a su altura. Seguir viviendo como lo hice hasta hoy sería opacar indirectamente ese brillo puro con el cual mis hijos han nacido. ¡BASTA YA! ¡LAS COSAS TIENEN QUE CAMBIAR! Estoy claro que esto no se supone que pasara hace cinco ni hace diez años atrás . Esto se supone que pasara hoy. Hoy es mi día, este es mi tiempo, mi momento.

¿Qué pasará de ahora en adelante? Quién sabe. Sólo me puedo enfocar en lo que estoy viviendo ahora. Estos años en silencio y reflexión me han fortalecido y me recordaron que el amor vive dentro de mí, que la aceptación la encuentro en mi interior y que la verdad sólo trae la calma. Hoy para mí el significado de la felicidad toma otra dimensión.

Ha sido un proceso muy intenso, angustiante y doloroso, pero también liberador. Les juro que cada palabra que están leyendo aquí nace de amor, purificación, fortaleza, aceptación y desprendimiento. Escribir estas líneas es el acercamiento a mi paz interna, parte vital de mi evolución. Hoy ACEPTO MI HOMOSEXUALIDAD como un regalo que me da la vida. ¡Me siento bendecido de ser quien soy!

RM

Cuando apreté SEND, de inmediato cerré la computadora y me fui a mi habitación para, supuestamente, tomar una siesta. Cerré los ojos como por media hora, cuarenta y cinco minutos, pero la curiosidad mató al gato. Sin querer meterme todavía a la computadora, llamé a mi amiga que ya sabía lo que yo iba a hacer y le pedí que se metiera en mi cuenta de Twitter y me dijera lo que se estaba diciendo. Entonces me dijo: "Kiki... es puro amor. Han pasado cien comentarios, doscientos comentarios, cuatrocientos comentarios, no hay uno malo". Evidentemente hubo una que otra persona que no comprendió —siempre habrá personas así—, pero en términos generales, el amor que recibí fue inmediato y devastador. Aunque en el fondo no me esperaba que fuera a suceder nada negativo, la avalancha de cariño que recibí fue totalmente sorprendente. A la semana siguiente hasta subieron las ventas de mis discos.

No sólo no estaba siendo rechazado por nadie, ¡sino que parecía como si me estuvieran queriendo más! Entonces todo ese miedo que yo tenía, el miedo que tienen muchas personas a la hora de salir del clóset, estaba sólo en mi cabeza. Sé que tal vez este no sea el caso de otras personas cuando deciden hacerlo —hay quienes se encuentran con una barrera dolorosa de incomprensión y de rechazo—, pero diré que mi propia experiencia no fue sino positiva y fortalecedora.

Mi familia y mi círculo de amigos más cercano, que ya lo sabía desde hace años, me brindó un apoyo incondicional. Mi padre se alegró muchísimo cuando le conté lo que iba a hacer, él hace años que quería que yo me liberara de ese peso para que pudiera vivir tranquilo y abiertamente, pero sabía que yo tenía que encontrar mi momento, y de esa manera me apoyó a lo largo del camino hasta que estuve listo. Mi madre también se alegró muchísimo, aunque la manera en que se lo conté a ella fue un poco inusual.

Ese día, mi madre estaba viajando de Puerto Rico a Miami. Yo siempre pensé que no quería mandar la carta mientras ella estuviera en Puerto Rico, porque como toda madre, ella se preocupa por su hijo, entonces no quería que estuviera allá lejos, recibiendo llamadas de todos sus conocidos sin estar cerca de mí. Para el anuncio, y para que no se preocupara por mí, yo quería que ella estuviera a mi lado para que viera que tanto su hijo como sus nietos estábamos bien. Así que lo que hice fue esperar a que ella se subiera al avión, donde no tendría acceso ni a su celular, ni a Internet. Cuando llegó a Miami la fue a recoger mi representante y lo primero que hizo fue quitarle el celular para que nadie pudiera llamarla entre tanto. La trajo hasta mi casa y allí yo le di un abrazo y la senté en la computadora para que leyera la carta que acababa de enviar. Apenas la terminó de leer se levantó, me dio un gran abrazo y se puso a llorar como una bebé.

UN REGALO DE LA VIDA

FUE UNA EXPERIENCIA increíble. Hoy me siento fuerte, feliz, libre. Me alegró mucho descubrir que tantos de mis temores —por no decir todos— eran imaginados e imaginarios. Sobra decir que no deja de haber una que otra persona que hace comentarios negativos y que no entiende de qué se trata, pero en mi cabeza yo veo eso como una persona a la que todavía le falta crecer y pasar por sus propias etapas, por lo tanto no soy nadie para juzgarlo. Así como a mí me tomó mucho tiempo aceptar mi realidad y aceptarme a mí mismo, ellos también tendrán que pasar por su proceso de aceptación y comprensión.

Alguna vez alguien me preguntó: "¿Cuando fue que decidiste convertirte en homosexual?". Respondí: "Yo nunca decidí convertirme en nada. Yo siempre fui quien soy". Entonces le pregunté: "¿Cuándo fue que tú decidiste convertirte en heterosexual?". Claro, ahí la pregunta se quedó sin respuesta...

Yo no pretendo cambiar la forma de pensar de nadie. Sólo estoy compartiendo mi experiencia. Tal vez haya quienes dejen de quererme porque piensen que hasta ahora no había sido completamente sincero. Quizás algunos empezarán a escuchar y disfrutar de mi música ahora sabiendo quién soy verdaderamente. Pero creo que es mejor que gusten o no gusten de mí conociendo mi verdad. Si me van a odiar, ojalá lo hagan por quien soy, no por quien creen que soy. Y si me van a amar, que me amen por ser quien soy y no por quien creen que soy.

Hoy en día sé que no le puedo caer bien a todo el mundo. Eso me costó mucho absorberlo y entenderlo. Esta gran necesidad de ser aceptado fue a lo mejor lo que me llevó a hacerme lo que soy porque yo siempre estuve dispuesto a hacer lo que se me pedía, para complacer a los demás. Necesitaba satisfacer a todo el mundo. El ser rechazado me dolía y por eso mantuve a escondidas mi realidad. No quería sentir el repudio de los demás ya que en unas pocas ocasiones, cuando le había revelado la verdad sobre mi sexualidad a uno de mis más allegados, había enfrentado reacciones inesperadas.

Es que todos percibimos a la gente como nosotros queremos percibirlos. Y cuando se destruye esa imagen, nos enojamos. Puede ser que no queramos ver la verdad, o puede ser que no la pudimos ver porque se nos escondió. Cada cual vive según una serie de "reglas" que aprendió desde pequeño y esas son las que de muchas maneras nos condicionan a ver el mundo como quisiéramos que sea y no como realmente es.

Por eso me voy a asegurar de que mis hijos crezcan sin ninguna de las presiones o preconcepciones con las que yo crecí. Quiero que ellos vivan una vida sin limitaciones de color, raza, origen u orientación sexual, que sientan la total libertad de ser quienes son. Ya sea que el día de mañana les gusten los hombres, o las mujeres, o ambos, yo no seré quien los limite o los condicione a que hagan esto o lo otro. Y aunque sé que en la vida seguro se toparán con personas que no tendrán la mentalidad tan abierta como ellos, por lo menos puedo estar tranquilo de que sentirán paz en su corazón porque sabrán quienes son. Está claro que algún día llegará el momento en que sufrirán, pero espero que nunca sea porque no pueden ser ellos mismos.

La verdad es que no le deseo a nadie el dolor por el que tuve que pasar, y por eso pienso que es tan importante luchar contra los prejuicios. ¿Sabes cuántos niños se suicidan todos los días porque no pueden hacerle frente a su sexualidad? ¿Sabes cuánta gente se muere de viejos sin aceptar su sexualidad? Pasan una vida miserable, sin poder ser quienes son en realidad. Muchos ni se permiten descubrir su verdadera naturaleza y eso, para mí, es una tragedia.

Yo quisiera saber qué es lo que hace que alguien salga del clóset a los diecisiete años y otros a los treinta y ocho. En mi caso, habría querido que fuera antes, pero para encontrar calma ante el ayer, esa eternidad que puede volver loco a cualquiera por un supuesto "tiempo perdido", simplemente opto por aceptar que no era mi momento. Me tomó mucho tiempo creer de verdad que lo que la gente piensa de mí no es asunto mío —no tiene que ver conmigo. Y aun así, sigo trabajando todos los días para que ese pensamiento se convierta en mi forma de vivir. Pensar y creer que lo que la gente piensa de mí no es mi problema me ha liberado en muchos aspectos. Ya que lo que tú pienses de mí tiene menos que ver con mi realidad que con la tuya, lo que tú pienses de mí no debería ser mi problema. Estaría mintiendo si dijera que la opinión de los demás no es un factor importante en mi vida —por supuesto que lo es— pero no puedo dejar que esa opinión me defina ante mis propios ojos y me haga sentir más o menos de lo que soy. Yo encontré la verdad al aceptar y abrazar quien soy verdaderamente. Tuve que lidiar con el miedo y el tener que esconderme, para al fin llegar a la aceptación y poder amarme a mí mismo. Tuve que lidiar con la negación, con el odio a mí mismo, con la negociación ante Dios... Pero todo cambia, yo tengo fe.

Ya sea por las barreras culturales, por como se desarrolló mi vida o por otra cantidad de factores que entraron a jugar en la ecuación, yo no estuve listo sino hasta los treinta y ocho. Quizás estaba trabajando tanto que no tuve tiempo para realmente pensar en lo que me estaba sucediendo. O quizás elegí escondérmelo a mí mismo durante tanto tiempo porque simplemente no tenía las herramientas espirituales para lidiar con las consecuencias de enfrentarme a mi propia verdad. Quizás hasta tenía que luchar contra la trata humana para realmente comprender lo injusto que es arrebatarle a alguien una parte de su vida. O también es posible que tuviera que pasar por la experiencia de convertirme en padre, de tener a mis dos bellos angelitos en mi vida, para salirme un poco de mi propia vida y comprender que esto ya no sólo se trata de mí.

Sea cual sea la razón —o sean todas— me siento agradecido por el camino que me ha traído hasta aquí, y profundamente afortunado de ser quien soy. Mis creencias me han dado hoy una solidez y una fuerza que hacen que me sienta lo suficientemente protegido para hablar de esto, que es una cosa tan bella y tan hermosa. Es gracias a la vida que he llevado que soy quien soy, que tengo los hijos que tengo y que tengo la relación con mis padres que tengo. Si yo hubiera escrito una carta en la que confesaba que soy un criminal, que le pego a las mujeres, que abuso de otros seres humanos, sería totalmente fuera de lugar que me

estuviera sintiendo tan feliz y liberado. Pero mi planteamiento no es más que un planteamiento basado en el amor
—el amor, el respeto y todo el agradecimiento que le tengo
a la vida por la existencia tan extraordinaria que he llevado. Hoy en día me siento tan lleno de amor, de luz, de un
temple y una fortaleza tan mágica, que sentía la necesidad
de compartirlo. Quería contarle al mundo lo orgulloso que
estoy de todos los pasos que he dado y que me han permitido llegar a donde estoy hoy en día. De verdad quisiera
que el mundo entero pudiera vivir, en algún momento de
su trayectoria, lo que estoy viviendo ahora. Es un despertar increíble, y se lo deseo a todo el mundo. Sobra decir
que no estoy diciendo que todo el mundo tenga que ser
gay, pero sí creo que todos en nuestras vidas cargamos con
secretos que son innecesarios, con cosas que nos negamos
a nosotros mismos pensando que están mal. Liberarme de
mis propios secretos y angustias me ha dado sensaciones
que yo ni siquiera sabía que existían: emociones tan fuertes
y poderosas, tan transparentes, tan alucinantes, que ojalá
todo el mundo sintiera esto que estoy viviendo.

Para tomar decisiones que representan cambios signifi-
cativos en la vida, hay que pasar por procesos muy deses-
tabilizadores, y tantas veces preferimos quedarnos en la
posición más cómoda, la más manejable. Y así se pasa la
vida. Pero si nos atrevemos a pasar por ese proceso más
incómodo, nos damos cuenta de que lo que hay al otro
lado es un mundo de libertad, paz y mucha calma.

Una de las cosas más extraordinarias que me ha traído
esta experiencia es el caluroso contacto con mi gente. He
recibido cantidades de mensajes no sólo felicitando y
apoyándome en mi gesto, y eso para mí es una bendición.

Así sea para que en las mesas del comedor se hable de la homosexualidad bajo otra lupa, con eso ya me siento afortunado. Mi intención al hacerlo no necesariamente era inspirar a nadie, pero si además de traerme toda la alegría que me ha traído, mi experiencia le sirve a alguien más como punto de partida o a manera de reflexión, eso me alegra inmensamente. Es también una bendición saber que con mi vida puedo beneficiar las de los demás, y eso yo lo vivo con honor. Me siento orgulloso de ser quien soy.

NUEVE

ADELANTE

LA PUBLICACIÓN DE ESTE LIBRO ES OTRO DE ESOS momentos de mi vida que sé que van a hacerme crecer y sentir más fuerte. El proceso de escritura ha sido un trabajo arduo pero fascinante, y hay cantidades de cosas que, de no haber sido porque tenía que plasmarlas aquí, quizás hasta nunca habría recordado. Hice conexiones entre sucesos que a primera vista no parecían tener relación alguna, sólo para descubrir que en realidad estaban íntimamente relacionados. Recordé, sentí y analicé muchísimo. Descubrí mi propia historia y me enamoré de ella. Y quizás lo más importante de todo fue que la experiencia de escribir este libro me dio la fortaleza y la convicción que necesitaba para salir a la luz con mi verdad. Ha sido un proceso de intensa exploración y aceptación de mí mismo, al final del cual me he descubierto tal y como soy.

Después de todo lo que he pasado —lo bueno, lo malo, lo extraordinario y lo desastroso— al fin he llegado a lo que es de verdad una vida llena de luz y amor: tengo dos hijos preciosos, una familia que me quiere, amigos que me apoyan y una carrera extraordinaria. Y lo mejor de todo, he logrado un nivel de paz y felicidad que nunca antes siquiera imaginé que existía. Me siento infinitamente agradecido con el cosmos por la vida tan milagrosa que he tenido la fortuna de vivir.

MANIFESTACIÓN

YO SOY DE la creencia que la felicidad llega a quienes tienen pensamientos felices. En mi mente y en mi corazón siempre llevo cantidades de recuerdos lindos que, no tengo la menor duda, traen una luz positiva a mi vida al igual que muchas cosas buenas.

Una vez un músico muy sabio me dijo:

—Kiki, los tambores son una manifestación de la energía y el desahogo de nuestros antepasados. Antes, cuando existía la esclavitud, la única forma en que los esclavos se podían expresar era a través de los tambores. Entonces es como si todos esos espíritus que mueren, despertaran cada vez que escuchan un tambor. Y como ellos no pueden bailar, entran en tu cuerpo y se manifiestan a través de tu ser, de ti.

Es una creencia preciosa y yo siento que la viví en carne y hueso cuando hace unos años asistí al carnaval de Río de Janeiro. Tuve la oportunidad de asistir a un desfile en el Sambódromo con una de las escuelas de samba, y durante los ensayos musicales llegué a estar parado en medio de 500 tambores retumbando todos a la vez. Si con un tambor se siente la fuerza del ritmo, de la música, de la vida, y no puedes más que ponerte a bailar, ¡imagínate con 500 tambores! Es una de las cosas más vibrantes que he sentido en toda mi vida. Te despegas de tu cuerpo y llega un momento en que tu corazón empieza a latir al ritmo de los tambores. Y cuando eso pasa, sientes un cambio físico. Te desconectas por un instante de tu cuerpo, te dejas llevar por la pulsación de los sonidos y es en ese momento que dejas de ser físico y te conviertes en lo espiritual.

Así que si los tambores son en realidad la manifestación de mis ancestros, yo puedo estar tranquilo de que mis ancestros me acompañan, ¡porque nunca estoy lejos de un tambor!

Me encanta esa historia. Porque ya sea en la música afro antillana de Puerto Rico, en el candomblé, en la samba, en la música nativa americana, en la salsa o en el guaguancó —el tambor siempre está presente. Hasta en las ceremonias más cristianas también se encuentra el tambor. Y eso es porque la música tiene el poder de liberar la mente y el espíritu, tiene el poder de hacerte sentir la vida en su expresión más básica, más natural. Porque la música libera. La música es magia. Gracias a que mi vida está siempre colmada de música yo sé que siempre tendré una existencia única y afortunada.

Y por eso estoy profundamente agradecido.

Este libro lo escribí mientras grababa mi sexto álbum en español. He vuelto a trabajar con Desmond Child y ha sido un privilegio volver a sentir su estructura, su calma, la firmeza con la que me guía a lo largo del proceso creativo. La grabación de un disco, al igual que la escritura de un libro, es un proceso muy íntimo. Hay que sentarse a pensar, sentir y dejar que el silencio traiga las ideas que eventualmente se irán convirtiendo en sonidos y palabras. Hay veces en que empiezo tarareando, con unas notas sueltas que se convierten en una melodía, y después me sale una que otra palabra. Entonces me aferro a esas palabras, las doblo y las volteo, y empiezo a armarlas como un rompecabezas. Poco a poco van apareciendo frases, versos, historias y, al final, se convierten en algo coherente, estructurado, que transmite una idea o un sentimiento que hasta entonces nunca había logrado poner en palabras. Cuando empiezo a escribir una canción, no siempre sé en donde va a terminar, y la mayoría de las veces me lleva por un camino inesperado. Un camino de descubrimiento.

Al igual que este libro.

Como la mayoría de mis álbumes, este es un disco autobiográfico que toca muchos temas de mi vida. La vida que tengo, pero también la que deseo. Es un disco muy honesto y transparente que sin duda nace de la nueva fuerza que siento pulsando en mi interior. Tengo tanto, tanto por decir y compartir, que no veo la hora de lanzarlo al mundo y ver cómo conecta con el público, cómo choca con todas esas almas que escuchan mi música. Quiero irme de gira, subirme al escenario, sentir la energía de miles de personas a mi alrededor. Los momentos que paso en el escenario me alimentan de una forma visceral, me encienden de manera muy poderosa. Estoy feliz de ver cómo todo este proceso ha ido evolucionando y muy dentro de mí sé que los días, los meses y los años que tengo por delante serán sin duda extraordinarios; no veo la hora de vivirlos.

Si hay algo que he aprendido últimamente es la importancia de decretarle al universo lo que uno quiere. Si deseo algo en mi vida, en mi carrera, para mis hijos, o en mis relaciones afectivas, yo tengo que decretárselo al universo para que se haga realidad. Si yo no tengo esa idea en mi mente, si no la absorbo y la incorporo a mi vida como una realidad alcanzable en lugar de una mera posibilidad teórica, lo más probable es que nunca se haga realidad. Tengo que lanzarme al mundo y BUSCAR lo que deseo, SOÑAR con ello y no sentarme en un rincón a esperar que me llegue a los pies como un milagro.

Esto es algo muy cierto, sobre todo cuando se trata del amor. El amor hay que buscarlo. Hay que creer en él. Hay que pedirle al universo exactamente lo que se desea para así llamarlo a nuestras vidas. Pero sobre todo, hay que ser paciente.

En mi vida hay gente que caló muy fuerte. Todas las relaciones en las que he estado han traído algo que las hacen muy especiales. A lo mejor en una relación tenía unas pláticas maravillosas en la que había un nivel de aprendizaje altísimo o una visión muy compatible ante la vida. En otra relación quizás era una cosa más física, aquello que te pone a vibrar a nivel visceral. En otras era a lo mejor la ternura, la dulzura de sentirse acompañado, querido y protegido... pero sea la que sea, y sin importar lo difícil o lo tortuoso de las relaciones que haya tenido en el pasado, yo vivo plenamente convencido de que el amor verdadero sí existe. El amor de mi vida no sé si ya lo conozco o si aún me estoy preparando para llegar a él. Es posible que ya nos conozcamos, o que ya hayamos estado juntos, como también es posible que a cada uno todavía nos falte dar ciertos pasos o hacer ciertas cosas para encontrarnos. Pero lo que sí sé —y lo sé porque yo en mi vida decreto lo que deseo— es que en el universo hay una persona perfecta para mí, ya sea que me demore años, días o meses en descubrirla o darme cuenta que está ahí.

Tengo una imagen muy clara de lo que es la perfección en el amor. Mucha gente me dice, "Pero es que no hay amor perfecto..." Yo sí creo en el amor perfecto. Creo que el amor no duele nunca. Creo que es complicidad, calma, tranquilidad, confianza, libertad... y eso es lo que el cosmos prepara para mí día a día. Y yo, con cada paso que doy dentro de mi crecimiento personal y mi camino espiritual, me estoy acercando a él. Poco a poco, paso a paso.

Sin embargo, independientemente de lo que suceda en mi vida amorosa, yo ya poseo el amor más bello de todos —el de ser padre. Matteo y Valentino han traído un nivel de luz, transparencia y belleza inconmensurable a mi vida. Sin saberlo, esos dos pequeños me han inspirado a ampliarme y crecer, y por eso siempre estaré agradecido. Tantas veces oímos del agradecimiento que tienen los hijos con los padres y, aunque es cierto que es algo real e importante, yo creo que no se habla lo suficiente del agradecimiento que debemos sentir los padres para con nuestros hijos, porque en momentos de confusión, de angustia y hasta de alegría, son ellos quienes nos muestran el camino a través del amor que sentimos por ellos.

Todo lo que hago en mi vida, lo hago por ellos. Es cierto que también lo hago por mí mismo, pero es que desde que ellos están en mi vida, todo ha cobrado una nueva luz. El amor que siento por ellos es algo tan puro, tan instintivo y tan real que todo lo demás que pueda estar sucediendo se desvanece a su lado. Tanto mi música como mi trabajo en contra de la trata humana, la importancia de mantener mi norte espiritual, la importancia de ser honesto con el mundo... absolutamente todo tiene que ver con ellos y con darles todo lo que les pueda dar, y hacer que se sientan orgullosos de mí. Lo que antes parecía una opción o una alternativa, ahora es necesidad. Ellos son mi inspiración y es por ellos que lucho por cambiar el mundo, porque no quiero que hereden los problemas con los que ya está lidiando mi generación. Quiero que tengan la mejor vida posible, una existencia aun más grandiosa y extraordinaria que la mía.

MEJOR QUE ANTES

EN LA VIDA todo lo bueno, todo lo que de verdad vale la pena, requiere un sacrificio. No importa si sea grande o pequeño, el caso es que hay que pasar por procesos y momentos muy incómodos que nos dan miedo, que quizás nos hacen sufrir, pero en últimas, cuando por fin salimos al otro lado, nos damos cuenta que estamos mucho mejor, muchísimo mejor que como estábamos antes. Es como el proceso de dar a luz. Dicen que no hay nada en la vida que sea más doloroso que traer al mundo un bebé. La mujer tiene que enfrentarse a un dolor infrahumano durante el cual muchas veces siente que no puede más, que no aguanta más, que se va a morir. También allí se mezcla la angustia, el miedo, el temor a que algo salga mal... es un momento extremo. Pero al final se pasa por todo el dolor, lo sobrevive y al otro lado aparece el regalo más bello que pueda haber, el regalo de la vida... Y por lo que me han contado, desde el momento exacto en que alza a su bebé por primera vez, el dolor de la madre se vuelve un recuerdo lejano, completamente irrelevante en comparación con el amor que siente por su hijo.

Hay decisiones que cuestan mucho trabajo tomar. Pero una vez que las tomamos, nos damos cuenta que al otro lado salimos más fuertes, felices y completos. Nos damos cuenta que somos capaces de hacer y alcanzar mucho más de lo que imaginábamos. En este proceso de escritura y desnudamiento de mi alma, he aprendido mucho. Fue difícil, a ratos aterrador, pero ahora veo que era necesario y esencial para seguir adelante.

Cuando miro para atrás y pienso en toda la angustia que me causaba mi sexualidad y el temor que tenía de decírselo al mundo, me da un poco de tristeza. Fueron momentos de mucho dolor y mucha tensión, y no puedo creer que me estuviera complicando tanto la vida por algo que ahora me parece tan simple. Por mucho tiempo pensé que si salía del clóset, algo malo, algo terrible iba a suceder. Iba a perder a mis admiradores, mi gente me rechazaría, mi vida se desplomaría. Pero eran todos pensamientos basados en el miedo, porque al salir no sólo no sucedió nada malo, sino que ahora estoy mil veces mejor que antes. Si hace unos años alguien me hubiera preguntado si era feliz en mi vida, yo habría respondido con toda la honestidad del caso que sí. Pero ahora que he dado este extraordinario paso, me doy cuenta de lo que es estar feliz de verdad. Desearía que todo el mundo, en su propia vida, pudiera pasar por un renacimiento, un despertar como este. No estoy diciendo que todo el mundo deba anunciarse como homosexual, sino que creo que todo el mundo debería hacer el esfuerzo de liberarse de sea lo que sea que lo esté atando.

Yo ya no le tengo miedo al miedo. Esto fue lo que me tocó vivir. A mi no me tocó eso de despertar a las seis de la mañana, hacer el desayuno, darle un beso a mi esposa, montarme en el carro, llevarla a su trabajo, irme yo al mío y a las cinco de la tarde volver á buscar a mi esposa, buscar a los niños, volver a casa a cenar, reírme un rato, hacer el amor con mi esposa y acostarme a dormir. Eso no fue lo que me tocó vivir.

Mi vida nunca será así y ya no voy a pelear con eso. Al contrario, lo voy a aceptar. Lo acepto. Lo acepto porque sé que es lo que me hace la persona que soy hoy en día, y no porque mi vida no sea igual a la de muchos no puedo ser feliz. La Oración de la Serenidad lo dice con unas palabras preciosas, palabras que trato siempre de llevar cerca del corazón:

Señor, dame la serenidad para aceptar las cosas que no puedo cambiar, el valor para cambiar aquellas que puedo y la sabiduría para conocer la diferencia.

Es cierto: yo tengo que saber cuáles son las cosas que puedo cambiar y cuáles no. Mi vida es bella, ¿para qué la querría cambiar? Es así. La acepto, y la adoro. Me siento orgulloso de ella.

Pienso que todos deben aceptar la vida que les tocó. Eso no quiere decir que no deben tratar de vivirla de la forma más plena que pueden, pero en últimas, lo que realmente importa es aceptarse, amarse, ser feliz y hacer el bien. Y si eres diferente a los ojos de los demás, eso también es parte de tu lección en esta vida, porque tienes que aprender a aceptarte tal y como eres y no tratar de negar tus deseos para complacer a los demás o para tratar de seguir los supuestos códigos sociales. ERES BELLO/A COMO ERES. Si te ayuda, en lugar de pensar, "Soy diferente a ellos", es mejor decir, "Ellos son diferentes a mí". Y pensar que todo aquel que no está en tu misma frecuencia evolutiva y espiritual se aleja de ti y todo aquel que está en la misma frecuencia evolutiva y espiritual se acerca a ti, y verás qué maravilloso es ver cómo la gente que tiene que estar a tu lado llega a tu lado de una manera espontánea y divina. ¡Es el poder de la mente!

En este libro yo no pretendo dar lecciones de vida a los demás. Simplemente quise hablar de mi propia vida y de todo lo que aprendí a lo largo del camino. Si mis lecciones le sirven a alguien más, pues qué maravilla, de verdad me alegra. Pero el fondo del asunto es que esto lo hice por mí. Hay gente que se preguntará por qué decidí escribir un libro de memorias cuando sólo tengo treinta y ocho años. Se supone que todavía me queda mucho por vivir y que las memorias se escriben al final de la vida. Pero es que en realidad yo siento que esto es apenas el comienzo. Tengo toda una nueva vida por delante y en este momento de encrucijada, siento una necesidad aguda, intensa y penetrante de decir de qué estoy hecho. Ahora me doy cuenta que a veces las lecciones más profundas en el mundo llegan de la manera más sencilla y simple. Yo tuve que ver, tuve que vivir, tuve que sufrir y tuve que gozar para llegar a este punto de entendimiento. Y lo quiero compartir con otras personas porque estoy profundamente convencido de que todo el mundo puede hacer lo mismo.

Cada cual tiene que seguir su camino espiritual y pasar por sus enseñanzas kármicas para llegar a descubrir su mejor vida posible. Y para eso considero que lo primero que hay que hacer es aceptarse a sí mismo y a aceptar a los demás. Eso es suficiente. No es necesario decirle nada a nadie, pero tampoco hay que vivir en las tinieblas. Ojalá que mi vida, en lo que he escrito aquí, pueda servir de ejemplo. Aunque mi vida es bastante particular, tal vez encuentren una línea o dos que signifique algo para aquellos que se sienten diferentes, no importe la razón —ya sea por persecución religiosa, por ser indocumentado, por el simple hecho de ser parte de una minoría, por vivir en un país donde no se pueden expresar libremente.

Entonces yo opto por gritarle al mundo: ¡Se feliz! ¡Haz el bien! ¡Siente el miedo ante una transición, pero no te aferres al miedo! Y si tú piensas que nadie te quiere o te acepta, entonces vuelve a leerte este libro y te darás cuenta que es más fácil de lo que te imaginas.

El gran poeta irlandés Oscar Wilde un día dijo: "Un poco de sinceridad es algo peligroso y mucha sinceridad es fatal". La palabra que utiliza es "fatal". *Wow*, qué palabra. Me da mucha tristeza pensar que esa fue su experiencia de la honestidad. Me imagino que eso lo dijo por el miedo que tenía a ser honesto con respeto a su sexualidad, sobre todo por la época victoriana en la que le tocó vivir. Pero hoy, lo único que yo quiero es ser abierto y honesto. No es sencillo, la verdad es relativa y alcanzarla toma tiempo. Uno tiene que hacer un esfuerzo consciente, todos los días, de vivir sin miedo y con transparencia. Aunque ya pasé por todo lo que he pasado para sentirme como me siento hoy en día, espero que la vida me siga regalando aquellos momentos donde me atreva a ir más adentro a descubrir mucho más sobre mí mismo. Como dijo Pablo Picasso, "toma mucho tiempo ser joven". Tenía razón. Toma mucho tiempo desechar todos los códigos de la sociedad, de tu fe, de las leyes de tu casa y las leyes de tu país. Toma mucho tiempo botar todos esos códigos que se han convertido en lo que tú eres, basados en lo que se te ha dictado, ¿no?

Te puede tomar todo una vida llegar adonde puedes empezar de cero nuevamente, sin ideas preconcebidas, sin prejuicios y sin temor. Pero cuando llegas allí y aceptas quien eres, puedes empezar todos los días mirándolos como lo que son: un paraíso divino donde uno puede imaginar lo que quiere y hacerlo realidad. Cada día empieza como una pizarra en blanco, para que uno le escriba el poema que es su presente y sus deseos para el futuro.

Durante todo este tiempo, mi familia, mis amigos, mis admiradores... todos me han inspirado, cada cual a su manera. Cuando estoy en el escenario, es el público el que me alimenta con su energía. En la fundación, los niños y las niñas a los que ayudamos son los que me llenan con su agradecimiento. Y cada vez que mis preciosos hijos me regalan una de sus maravillosas sonrisas, siento que el mundo se podría acabar y yo seguiría tranquilo.

Y así como tengo a tantas personas a mi alrededor que constantemente me inspiran y me alimentan el alma, tengo además la suerte de tener un trabajo y una vida, por medio de la cual puedo llegar a influenciar las vidas de los demás. Pero sé que ese privilegio viene también con una gran responsabilidad. Tengo que ser cuidadoso con lo que digo, con lo que hago, es una responsabilidad que acepto con honor y respeto.

En este libro de cierta forma estoy en parte abandonando una parte de mi privacidad. Aunque hay algunos detalles y momentos que jamás contaré —no porque consistan de algo oscuro o feo, sino porque son recuerdos muy personales que prefiero guardarme—, a lo largo de estas páginas me he entregado tal y como soy, sin censura. La verdad nunca es fácil de encontrar, sobre todo cuando se trata de la verdad propia, y por eso espero continuar con mi búsqueda, con mi camino espiritual, por el resto de mis días. Es esta búsqueda constante la que me lleva a tener sensaciones fuertes, la que me enseña a retarme, cuestionarme, llevarme más allá. Pero lo más importante y lo que más me inspira es que este libro ayude a otras personas a enfrentarse a sus miedos y seguir adelante. Y ese es el mejor regalo de todos.